プリント形式のリアル過去問で本番の臨場感！

山形県

惺山高等学校

2025年春受験用

解答集

本書は，実物をなるべくそのままに，プリント形式で年度ごとに収録しています。
問題用紙を教科別に分けて使うことができるので，本番さながらの演習ができます。

■ 収録内容

・解答集（この冊子です）

書籍ＩＤ番号，この問題集の使い方，最新年度実物データ，リアル過去問の活用，
解答例と解説，ご使用にあたってのお願い・ご注意，お問い合わせ

・2024（令和６）年度 ～ 2022（令和４）年度　学力検査問題

JN132006

○は収録あり　年度	'24	'23	'22			
■ 問題（一般入試）	○	○	○			
■ 解答用紙	○	○	○			
■ 配点	○	○	○			
■ 英語リスニング原稿※	○	○	○			

解答はありますが
解説はありません

※リスニングの音声は収録していません
注）問題文等非掲載：2022年度社会の6

資料の非掲載につきまして

著作権上の都合により，本書に収録している過去入試問題の資料の一部を掲載しておりません。ご不便をおかけし，誠に申し訳ございません。

教英出版

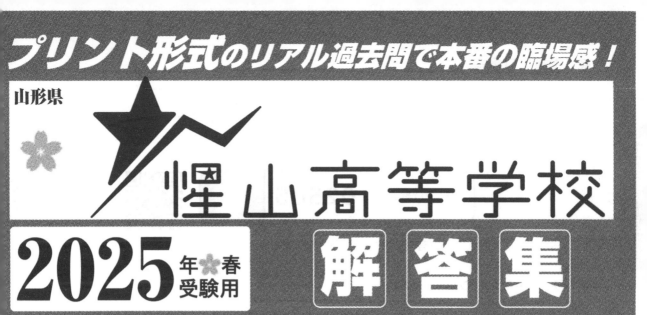

■ 書籍ＩＤ番号

入試に役立つダウンロード付録や学校情報などを随時更新して掲載しています。
教英出版ウェブサイトの「ご購入者様のページ」画面で，書籍ＩＤ番号を入力してご利用ください。

書籍ＩＤ番号　102505

（有効期限：2025年9月30日まで）

【入試に役立つダウンロード付録】
「ラストチェックテスト（標準／ハイレベル）」
「高校合格への道」

■ この問題集の使い方

年度ごとにプリント形式で収録しています。針を外して教科ごとに分けて使用します。①片側，②中央のどちらかでとじてありますので，下図を参考に，問題用紙と解答用紙に分けて準備をしましょう（解答用紙がない場合もあります）。

針を外すときは，けがをしないように十分注意してください。また，針を外すと紛失しやすくなりますので気をつけましょう。

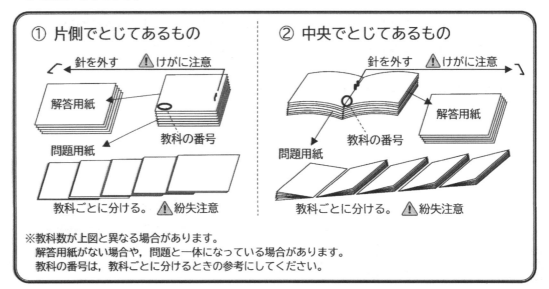

① 片側でとじてあるもの

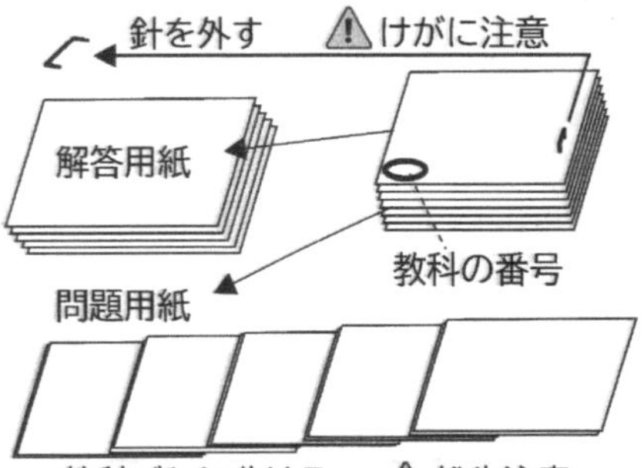

② 中央でとじてあるもの

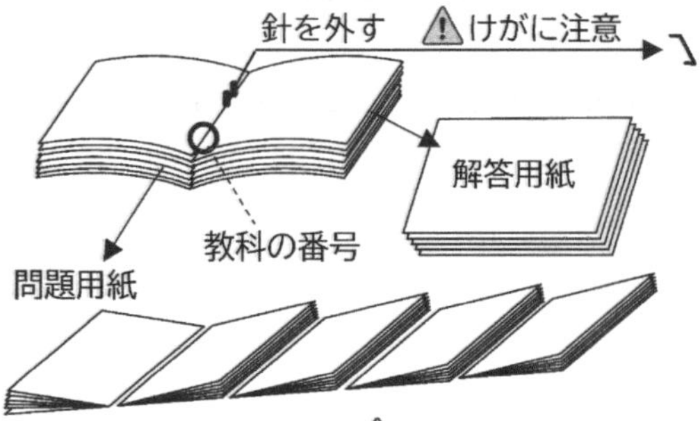

※教科数が上図と異なる場合があります。
解答用紙がない場合や，問題と一体になっている場合があります。
教科の番号は，教科ごとに分けるときの参考にしてください。

■ 最新年度　実物データ

実物をなるべくそのままに編集していますが，収録の都合上，実際の試験問題とは異なる場合があります。実物のサイズ，様式は右表で確認してください。

問題用紙	Ａ４冊子（二つ折り）
解答用紙	Ｂ４片面プリント 国：Ａ３片面プリント

リアル過去問の活用

～リアル過去問なら入試本番で力を発揮することができる～

本番を体験しよう！

問題用紙の形式（縦向き / 横向き），問題の配置や余白など，実物に近い紙面構成なので本番の臨場感が味わえます。まずはパラパラとめくって眺めてみてください。「これが志望校の入試問題なんだ！」と思えば入試に向けて気持ちが高まることでしょう。

入試を知ろう！

同じ教科の過去数年分の問題紙面を並べて，見比べてみましょう。

① 問題の量

毎年同じ大問数か，年によって違うのか，また全体の問題量はどのくらいか知っておきましょう。どのくらいのスピードで解けば時間内に終わるのか，大問ひとつにかけられる時間を計算してみましょう。

② 出題分野

よく出題されている分野とそうでない分野を見つけましょう。同じような問題が過去にも出題されていることに気がつくはずです。

③ 出題順序

得意な分野が毎年同じ大問番号で出題されていると分かれば，本番で取りこぼさないように先回りして解答することができるでしょう。

④ 解答方法

記述式か選択式か（マークシートか），見ておきましょう。記述式なら，単位まで書く必要があるかどうか，文字数はどのくらいかなど，細かいところまでチェックしておきましょう。計算過程を書く必要があるかどうかも重要です。

⑤ 問題の難易度

必ず正解したい基本問題，条件や指示の読み間違いといったケアレスミスに気をつけたい問題，後回しにしたほうがいい問題などをチェックしておきましょう。

問題を解こう！

志望校の入試傾向をつかんだら，問題を何度も解いていきましょう。ほかにも問題文の独特な言いまわしや，その学校独自の答え方を発見できることもあるでしょう。オリンピックや環境問題など，話題になった出来事を毎年出題する学校だと分かれば，日頃のニュースの見かたも変わってきます。

こうして志望校の入試傾向を知り対策を立てることこそが，過去問を解く最大の理由なのです。

実力を知ろう！

過去問を解くにあたって，得点はそれほど重要ではありません。大切なのは，志望校の過去問演習を通して，苦手な教科，苦手な分野を知ることです。苦手な教科，分野が分かったら，教科書や参考書に戻って重点的に学習する時間をつくりましょう。今の自分の実力を知れば，入試本番までの勉強の道すじが見えてきます。

試験に慣れよう！

入試では時間配分も重要です。本番で時間が足りなくなってあわてないように，リアル過去問で実戦演習をして，時間配分や出題パターンに慣れておきましょう。教科ごとに気持ちを切り替える練習もしておきましょう。

心を整えよう！

入試は誰でも緊張するものです。入試前日になったら，演習をやり尽くしたリアル過去問の表紙を眺めてみましょう。問題の内容を見る必要はもうありません。どんな形式だったかな？受験番号や氏名はどこに書くのかな？…ほんの少し見ておくだけでも，志望校の入試に向けて心の準備が整うことでしょう。

そして入試本番では，見慣れた問題紙面が緊張した心を落ち着かせてくれるはずです。

※まれに入試形式を変更する学校もありますが，条件はほかの受験生も同じです。心を整えてあせらずに問題に取りかかりましょう。

2024 解答例　令和6年度　惺山高等学校

《国　語》

一　問一．A．イ　B．オ　問二．【c】　問三．ウ　問四．1．興味すら持たなかった知識　2．難問に正解を出した時　3．喜び　問五．イ　問六．1．イ　2．ウ

二　問一．イ　問二．ウ　問三．ア　問四．憧れていた仕事でも、自分に向いていない可能性があるため。　問五．イ，エ　問六．得意なことや楽しくできることを仕事として選び、気持ちに余裕ができることで、可能性を広げるという視点。　問七．ウ

三　問一．a．ゆえづきたる　b．わらいて　問二．ア　問三．エ　問四．Ⅰ．猿まろ〔別解〕猿　Ⅱ．犬　Ⅲ．女房〔別解〕俊成卿の女　Ⅳ．とりあへず

四　①ひなた　②おば　③いちず　④けはい　⑤ほ　⑥核心　⑦徴収　⑧栽培　⑨扱　⑩臨

五　〈作文のポイント〉
・最初に自分の主張、立場を明確に決め、その内容に沿って書いていく。
・わかりやすい表現を心がける。自信のない表現や漢字は使わない。
さらにくわしい作文の書き方・作文例はこちら！→https://kyoei-syuppan.net/mobile/files/sakupo.html

《数　学》

1　(1) 1　(2) $\frac{5}{6}$　(3) $2\sqrt{3}$　(4) -4

2　(1) 4，5　(2) $\frac{7\pm\sqrt{29}}{10}$　(3) 28　(4) 6　(5) 3　(6) $\frac{1}{3}$　(7) ④

3　連立方程式… $\begin{cases} 32x+42y=5400 \\ 40x+56y-3060=20x+35y \end{cases}$　一般客の入場料…90　団体客の入場料…60

4　(1) $\frac{4}{3}\pi$　(2) $2\sqrt{3}$　(3) $5\sqrt{3}$　(4) $\frac{12}{5}$

5　(1) $-\frac{1}{2}$　(2) $x-4$　(3) 12　(4) 6

6　(a)(イ)　(b)(オ)　(c)(エ)　(d)(ウ)　(e)(ケ)　(X)90　(Y)90

《社　会》

1　問1．広島県　問2．5月19日午前4時　問3．F／カナダ　問4．G／ロシア　問5．ア　問6．エ　問7．露天掘り　問8．ウ

2　問1．エ　問2．稲〔別解〕お米　問3．ア　問4．イ　問5．エ　問6．イ　問7．地価が高く郊外に住居を構え出勤している為，都心部には夜間よりも昼間の人口が多い。　問8．京浜工業地帯／エ

3　問1．望月　問2．ア　問3．エ　問4．六波羅探題／Y　問5．ウ　問6．イ→ウ→エ→ア　問7．イ

4　問1．ア　問2．エ　問3．西郷隆盛　問4．天皇　問5．下関条約では賠償金を得ることが出来たが，ポーツマス条約ではそれが出来なかった為。　問6．イ　問7．ア　問8．日米安全保障条約

5　問1．基本的人権　問2．エ　問3．エ　問4．ア　問5．イ　問6．エ　問7．Y／空さんの賠償請求は民事裁判だが，Xは裁判員制度があり刑事裁判である為。

6　問1．ウ　問2．イ　問3．ア　問4．消費税　問5．地産地消では輸送時にかかる CO_2 の排出が少ない為。　問6．イ　問7．共助　問8．イ

《理　科》

1　1．磁界の向き　2．①イ　②エ　3．イ　4．コイルに流れる電流の向きを変える

2　1．エ　2．(ア)78.4　(イ)44.1　(ウ)0.10　3．3.4

3　1．(1)炭素　(2)硫黄　2．(1)二酸化炭素　(2)窒素　3．カ，ク　4．11

4　1．性質…漂白〔別解〕脱色　気体の名称…塩素　2．②展性　③金属光沢　3．$CuCl_2 \rightarrow Cu^{2+} + 2Cl^-$　4．ア，イ

5　A．①オ　②主根と側根　B．③ウ　C．④胞子　⑤イ　⑥ア

6　1．背骨がある　2．胎生　3．ア，ウ，オ　4．ア　5．相同器官

7　1．水蒸気　2．c→a→b　3．火成岩　4．②　5．等粒状　6．斑晶

8　1．(1)エ　(2)ア　(3)日周運動　2．(1)エ　(2)ウ

《英　語》

1　1．No.1．ウ　No.2．ウ　No.3．ア　No.4．イ　No.5．イ　2．No.1．エ　No.2．ア　No.3．エ　No.4．ウ　No.5．ア　3．①100　②64　③36　④友好的　⑤混雑して　⑥内気な　⑦登山　⑧リラックス

2　1．①No, he hasn't.　②He is going to stay there for ten days.　2．ア　3．中国語と英語を学ぶことができ，将来に役立つ。　4．(2)ウ　(3)イ　5．あ．visiting　い．been　6．a．125,930　b．32.3　c．17,083　d．13.6　7．it is a good time to visit Japan　8．and　9．ア．×　イ．×　ウ．×　エ．○　オ．○

3　1．あ．紙　い．技術　う．開発　2．靴も履かずに古い服を着ている子どもたちがたくさんいた　3．how／to　4．ウ　5．人々は自然を守ることができ，新しい仕事を得た。／子どもたちが学校に行けるようになった。　6．①No, she didn't.　②They took four actions.　7．イ，エ　8．I always use my own shopping bag.／I turn off the lights when they aren't used.

惺山高等学校

《国　語》

一　問一．A．エ　B．ウ　問二．イ　問三．オ　問四．大前なのに続く人たちのことを把握できていなかった／的を絶対外さない、という気迫を感じさせていた　問五．1．フォローしよう　2．力なくうなだれて　問六．イ

二　問一．Ⅰ．イ　Ⅱ．ア　Ⅲ．エ　Ⅳ．ウ　問二．ウ　問三．イ　問四．ア　問五．太陽の塔にある顔は、正面の二つだけだと考えること。　問六．オ　問七．A．一度に複数の視点を持つこと　B．対象を平面化する　C．特定の視点に縛られることがない　D．立体的にとらえている

三　問一．a．なおたずねもとめ　c．おそれまどい　問二．イ　問三．ア　問四．A．⑤　B．①　Ⅰ．買臣と別れてしまった　Ⅱ．自分の話を聞いてくれなかった　問五．みずき

四　①れっきょ　②だいしょう　③よくあつ　④しよう　⑤かんげん　⑥過程　⑦漁　⑧延　⑨克服　⑩素朴

五　〈作文のポイント〉

・最初に自分の主張、立場を明確に決め、その内容に沿って書いていく。

・わかりやすい表現を心がける。自信のない表現や漢字は使わない。

さらにくわしい作文の書き方・作文例はこちら！→https://kyoei-syuppan.net/mobile/files/sakupo.html

《数　学》

1　(1)－8　(2)3　(3)$2\sqrt{2}$　(4)$3x-4$

2　(1)－3，4　(2)②，③　(3)6　(4)$x=70$　$y=55$　(5)$\frac{7}{18}$　(6)3

3　連立方程式…$\begin{cases} 5(x-y)=3y+72 \\ \frac{72+x+y}{3}=73 \end{cases}$　Bさんの得点…96　Cさんの得点…51

4　(1)8　(2)96π　(3)84π　(4)96π

5　(1)32　(2)$8x^2$　(3)$-8x+288$　(4)ア．4　イ．20　ウ．27　エ．36　オ．72　カ．128

6　(a)(イ)　(b)(オ)　(c)(サ)　(d)(キ)　(e)(ケ)　(f)(シ)

《社　会》

1 問1．12，18，午後6　問2．サンベルト　問3．エ　問4．イ　問5．ウ　問6．イ　問7．エ
問8．イ

2 問1．①，④　問2．イ　問3．エ　問4．エ　問5．④／長崎　問6．カルデラ　問7．ア
問8．オ

3 問1．4→3→2→1　問2．イ　問3．足利義満　問4．(太閤)検地　問5．ア　問6．エ
問7．租　問8．(永仁の)徳政令

4 問1．イ　問2．役人に首謀者を分からせないため　問3．アヘン戦争　問4．イ　問5．孫文
問6．二十一か条の要求　問7．満州　問8．エ

5 問1．両性　問2．違憲立法審査権（下線部は法令でもよい）　問3．2　問4．ウ　問5．イ
問6．議院内閣制度　問7．エ　問8．国庫支出金

6 問1．ウ　問2．円安ドル高　問3．労働力…③　賃金…④　商品…②　代金…①　問4．エ
問5．マイナンバーカード　問6．団体交渉権　問7．クラウドファンディング　問8．エ

《理　科》

1 1．エ　2．①ウ　②ケ　3．式…340×3.2　計算結果…1088

2 1．(1)100　(2)50　(3)ウ　2．(1)900　(2)450

3 1．オ　2．(1)イ，エ，オ，キ，サ　(2)イ　3．エ　4．エ

4 1．ウ　2．静脈　3．動脈　4．エ　5．静脈血

5 1．白色　2．水上置換　3．水を試験管に逆流させないため　4．激しく燃える　5．酸素　6．カ

6 1．オ　2．(1)減数分裂　(2)イ　(3)体細胞分裂　(4)ウ　(5)胚

7 1．20　2．ウ　3．主要動　4．8　5．オ

8 1．ア　2．イ　3．偏西風　4．イ　5．ア　6．エ

《英　語》

1 1．No. 1．イ　No. 2．ア　No. 3．ウ　No. 4．ウ　No. 5．ア　2．No. 1．イ　No. 2．イ　No. 3．ウ
No. 4．ウ　3．No. 1．①ハワイ　②4　③(フラ)ダンス　④10　⑤こんにちは〔別解〕やぁ　⑥アロハシャツ
No. 2．eating delicious fruits

2 1．あ．in　い．at　う．to　2．A．エ　B．ウ　C．ア　D．イ　3．侍が住んでいた家がたくさんあります。　4．do you know whose castle it was　5．エ　6．前田慶次が晩年を山形の米沢で過ごしたこと。
7．ア．×　イ．○　ウ．×　エ．○　オ．×

3 1．too／to　2．ア，オ　3．ジョージは少年たちやマシアス先生が野球している姿を見て真似するなど，楽しそうだったから。　4．エ　5．better　6．ウ　7．イ　8．①Because of World War I．②He won 13 games.　③Yes, he did.　④Shohei Otani is.　9．I like Shohei Otani the best.　He always plays for the team.

2022 解答例 令和4年度 惺山高等学校

《国　語》

一 問一．自分の描いた絵がなんとか植物に見える程度の拙い絵だったから。　問二．Ⅰ．ウ　Ⅱ．ゆったり
問三．a．オ　b．イ　問四．ア　問五．D　問六．A．湖山先生　B．空気感　C．心地よく

二 問一．a．連載　b．隣　c．ばくろ　d．ばんにん　問二．イ　問三．Ⅰ．オ　Ⅱ．ウ　Ⅲ．カ　Ⅳ．イ
問四．エ　問五．最初…心像とい　最後…げる働き　問六．われわれの心は心像しか扱えないから。
問七．1．感情　2．主観　3．心像　4．事実　5．客観

三 問一．a．おおせ　b．きよう　問二．ア　問三．幕府の命令で長崎を離れたため、雷に打たれずに済んだから。　問四．ウ

四 ①ほうしょく　②いちよう　③磨　④武家　⑤構造

五 〈作文のポイント〉
・最初に自分の主張、立場を明確に決め、その内容に沿って書いていく。
・わかりやすい表現を心がける。自信のない表現や漢字は使わない。
さらにくわしい作文の書き方・作文例はこちら！→
https://kyoei-syuppan.net/mobile/files/sakupo.html

《数　学》

1 (1) -2　(2) $\frac{1}{24}$　(3) $\sqrt{3}$　(4) $4x+2$

2 (1) -8, 3　(2) $\frac{7\pm\sqrt{33}}{4}$　(3) 75　(4) ㋒　(5) 12　(6) $\frac{5}{36}$　(7) 121

3 連立方程式… $\begin{cases} x+y=27 \\ 5x-6y=-30 \end{cases}$　5人の班の数…12　6人の班の数…15

4 (1) 6　(2) 240　(3) 6　(4) $3\sqrt{6}$

5 (1) $(-4,\ 4)$　(2) $(2,\ 1)$　(3) $(0,\ 3)$　(4) $(12,\ 36)$

6 (1)右図　(2)(a)(ウ)　(b)(エ)　(c)(ク)　(d)(コ)　(e)(シ)

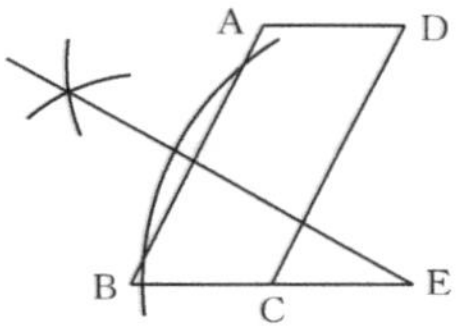

《社　会》

1　問1．太平洋　問2．西経75　問3．エ　問4．ア　問5．イ　問6．イ　問7．ウ　問8．エ

2　問1．(1)a，d，f　(2)ウ　(3)秋田(県)／c　(4)リアス(式)海岸となっており，湾内は波が穏やかであるから。
問2．(1)エ　(2)ハザードマップ　(3)イ

3　問1．イ　問2．出羽　問3．エ　問4．六波羅探題　問5．イ　問6．応仁の乱　問7．ウ
問8．兵農分離

4　問1．ア　問2．エ→イ→ウ→ア　問3．エ　問4．産業革命　問5．ウ　問6．地租改正
問7．ア　問8．日米安全保障条約

5　問1．裁判所　問2．イ　問3．地方交付税交付金　問4．イ　問5．選挙管理委員会
問6．投票率が低いこと。　問7．エ

6　問1．7　問2．エ　問3．再生可能エネルギー　問4．間接金融　問5．フィンテック
問6．記号…ア　説明…1ドル50円の時の方が，支払う円が少なくて済むから。　問7．外国人労働者

《理　科》

1　1．イ　2．60　3．屈折　4．全反射　5．ウ

2　1．酸素　2．二酸化炭素　3．デンプン　4．光合成
5．葉緑体

3　1．オ　2．図Ⅰ…右図／2　図Ⅱ…右図／10

4　1．エ　2．0.61　3．ウ　4．イ　5．ウ

5　1．13.5　2．右グラフ　3．融点　4．ア　5．蒸留

6　1．エ　2．ホニュウ　3．えら　4．変温　5．卵生

7　1．32　2．4.5　3．100　4．ウ　5．オ

8　1．ウ　2．B　3．［誤り／正しい］［地球／太陽］［恒星／惑星］
4．オ

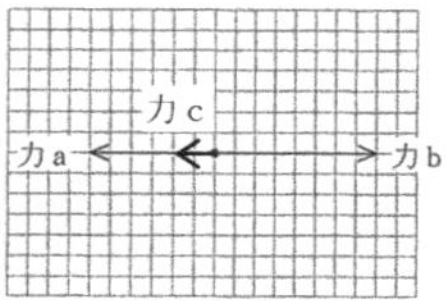

3 2の図Ⅰ

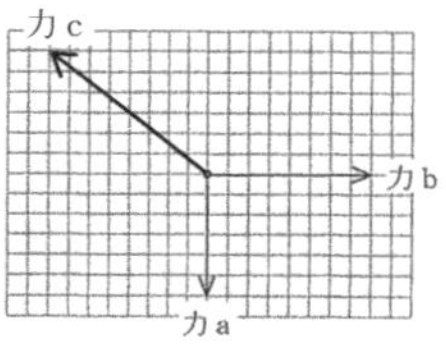

3 2の図Ⅱ

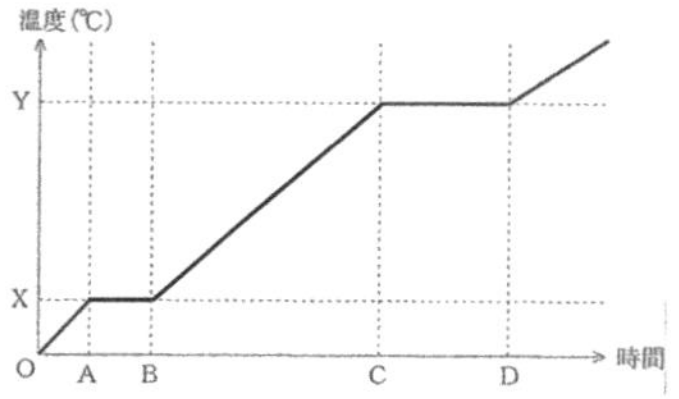

《英　語》

1　1．A．No. 1．○　No. 2．×　No. 3．○　B．No. 1．×　No. 2．○　No. 3．○
2．1．ア　2．イ　3．ウ　4．ア　5．ウ　3．1．イ　2．ア　3．ウ

2　1．あ．オ　い．ウ　う．カ　え．イ　2．camping has become more and more popular　3．ア．○　イ．○　ウ．×　エ．×　4．そこはとても遠いので，弟たちが車の中で飽きてしまうかもしれない。　5．①Yes, he does.　②They will go camping next month.　6．日本には，アメリカにはないような設備つきのキャンプ場があるから。　7．①イ　②ウ　③イ　④ア

3　1．D　2．ア．○　イ．×　ウ．×　エ．○　3．エ　4．そこでしか見ることのできない動物等が存在しているから。　5．broken　6．万里の長城は，宇宙からも見えるということ。　7．ア，エ
8．I want to visit Mount Kenya National Park.　It's because I want to see many animals and beautiful nature in Kenya.

■ ご使用にあたってのお願い・ご注意

（１）問題文等の非掲載

著作権上の都合により，問題文や図表などの一部を掲載できない場合があります。

誠に申し訳ございませんが，ご了承くださいますようお願いいたします。

（２）過去問における時事性

過去問題集は，学習指導要領の改訂や社会状況の変化，新たな発見などにより，現在とは異なる表記や解説になっている場合があります。過去問の特性上，出題当時のままで出版していますので，あらかじめご了承ください。

（３）配点

学校等から配点が公表されている場合は，記載しています。公表されていない場合は，記載していません。

独自の予想配点は，出題者の意図と異なる場合があり，お客様が学習するうえで誤った判断をしてしまう恐れがあるため記載していません。

（４）無断複製等の禁止

購入された個人のお客様が，ご家庭でご自身またはご家族の学習のためにコピーをすることは可能ですが，それ以外の目的でコピー，スキャン，転載（ブログ，ＳＮＳなどでの公開を含みます）などをすることは法律により禁止されています。学校や学習塾などで，児童生徒のためにコピーをして使用することも法律により禁止されています。

ご不明な点や，違法な疑いのある行為を確認された場合は，弊社までご連絡ください。

（５）けがに注意

この問題集は針を外して使用します。針を外すときは，けがをしないように注意してください。また，表紙カバーや問題用紙の端で手指を傷つけないように十分注意してください。

（６）正誤

制作には万全を期しておりますが，万が一誤りなどがございましたら，弊社までご連絡ください。

なお，誤りが判明した場合は，弊社ウェブサイトの「ご購入者様のページ」に掲載しておりますので，そちらもご確認ください。

■ お問い合わせ

解答例，解説，印刷，製本など，問題集発行におけるすべての責任は弊社にあります。

ご不明な点がございましたら，弊社ウェブサイトの「お問い合わせ」フォームよりご連絡ください。迅速に対応いたしますが，営業日の都合で回答に数日を要する場合があります。

ご入力いただいたメールアドレス宛に自動返信メールをお送りしています。自動返信メールが届かない場合は，「よくある質問」の「メールの問い合わせに対し返信がありません。」の項目をご確認ください。

また弊社営業日（平日）は，午前９時から午後５時まで，電話でのお問い合わせも受け付けています。

2025 春

株式会社教英出版
〒422-8054　静岡県静岡市駿河区南安倍３丁目 12-28
TEL　054-288-2131　　FAX　054-288-2133
URL　https://kyoei-syuppan.net/
MAIL siteform@kyoei-syuppan.net

教英出版 2025年春受験用 高校入試問題集

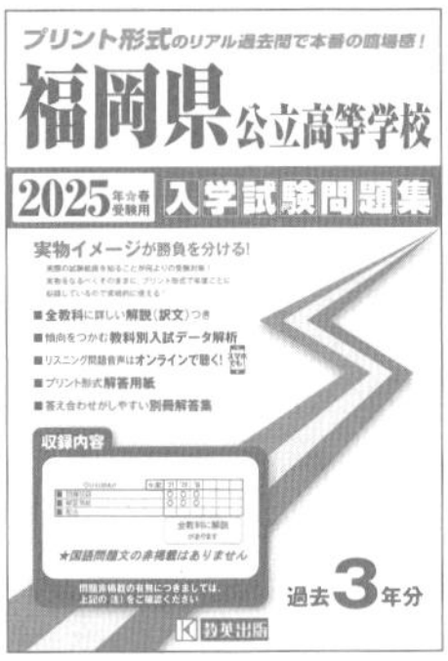

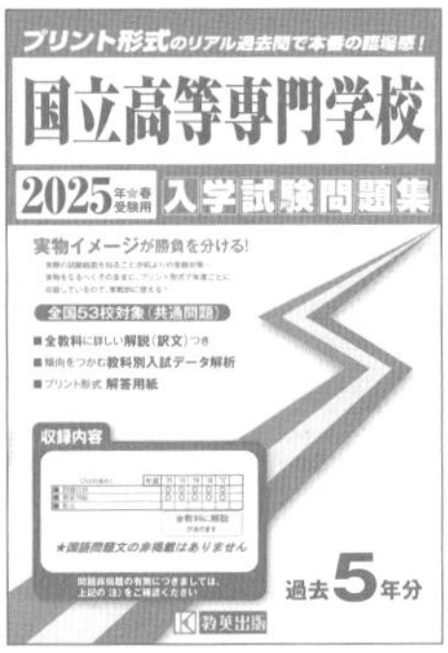

公立高等学校問題集

北海道公立高等学校
青森県公立高等学校
宮城県公立高等学校
秋田県公立高等学校
山形県公立高等学校
福島県公立高等学校
茨城県公立高等学校
埼玉県公立高等学校
千葉県公立高等学校
東京都立高等学校
神奈川県公立高等学校
新潟県公立高等学校
富山県公立高等学校
石川県公立高等学校
長野県公立高等学校
岐阜県公立高等学校
静岡県公立高等学校
愛知県公立高等学校
三重県公立高等学校(前期選抜)
三重県公立高等学校(後期選抜)
京都府公立高等学校(前期選抜)
京都府公立高等学校(中期選抜)
大阪府公立高等学校
兵庫県公立高等学校
島根県公立高等学校
岡山県公立高等学校
広島県公立高等学校
山口県公立高等学校
香川県公立高等学校
愛媛県公立高等学校
福岡県公立高等学校
佐賀県公立高等学校
長崎県公立高等学校
熊本県公立高等学校
大分県公立高等学校
宮崎県公立高等学校
鹿児島県公立高等学校
沖縄県公立高等学校

公立高 教科別8年分問題集

(2024年～2017年)

北海道(国·社·数·理·英)
宮城県(国·社·数·理·英)
山形県(国·社·数·理·英)
新潟県(国·社·数·理·英)
富山県(国·社·数·理·英)
長野県(国·社·数·理·英)
岐阜県(国·社·数·理·英)
静岡県(国·社·数·理·英)
愛知県(国·社·数·理·英)
兵庫県(国·社·数·理·英)
岡山県(国·社·数·理·英)
広島県(国·社·数·理·英)
山口県(国·社·数·理·英)
福岡県(国·社·数·理·英)

国立高等専門学校 最新5年分問題集

(2024年～2020年·全国共通)

対象の高等専門学校

釧路工業·旭川工業·
苫小牧工業·函館工業·
八戸工業·一関工業·仙台·
秋田工業·鶴岡工業·福島工業·
茨城工業·小山工業·群馬工業·
木更津工業·東京工業·
長岡工業·富山·石川工業·
福井工業·長野工業·岐阜工業·
沼津工業·豊田工業·鈴鹿工業·
鳥羽商船·舞鶴工業·
大阪府立大学工業·明石工業·
神戸市立工業·奈良工業·
和歌山工業·米子工業·
松江工業·津山工業·呉工業·
広島商船·徳山工業·宇部工業·
大島商船·阿南工業·香川·
新居浜工業·弓削商船·
高知工業·北九州工業·
久留米工業·有明工業·
佐世保工業·熊本·大分工業·
都城工業·鹿児島工業·
沖縄工業

高専 教科別10年分問題集

もっと過去問シリーズ

教科別

数学·理科·英語

(2019年～2010年)

学校別問題集

北海道

①札幌北斗高等学校
②北星学園大学附属高等学校
③東海大学付属札幌高等学校
④立命館慶祥高等学校
⑤北海高等学校
⑥北見藤高等学校
⑦札幌光星高等学校
⑧函館ラ・サール高等学校
⑨札幌大谷高等学校
⑩北海道科学大学高等学校
⑪遺愛女子高等学校
⑫札幌龍谷学園高等学校
⑬札幌日本大学高等学校
⑭札幌第一高等学校
⑮旭川実業高等学校
⑯北海学園札幌高等学校

青森県

①八戸工業大学第二高等学校

宮城県

①聖和学園高等学校(A日程)
②聖和学園高等学校(B日程)
③東北学院高等学校(A日程)
④東北学院高等学校(B日程)
⑤仙台大学附属明成高等学校
⑥仙台城南高等学校
⑦東北学院榴ケ岡高等学校
⑧古川学園高等学校
⑨仙台育英学園高等学校(A日程)
⑩仙台育英学園高等学校(B日程)
⑪聖ウルスラ学院英智高等学校
⑫宮城学院高等学校
⑬東北生活文化大学高等学校
⑭東北高等学校
⑮常盤木学園高等学校
⑯仙台白百合学園高等学校
⑰尚絅学院高等学校(A日程)
⑱尚絅学院高等学校(B日程)

山形県

①日本大学山形高等学校
②惺山高等学校
③東北文教大学山形城北高等学校
④東海大学山形高等学校
⑤山形学院高等学校

福島県

①日本大学東北高等学校

新潟県

①中越高等学校
②新潟第一高等学校
③東京学館新潟高等学校
④日本文理高等学校
⑤新潟青陵高等学校
⑥帝京長岡高等学校
⑦北越高等学校
⑧新潟明訓高等学校

富山県

①高岡第一高等学校
②富山第一高等学校

石川県

①金沢高等学校
②金沢学院大学附属高等学校
③遊学館高等学校
④星稜高等学校
⑤鵬学園高等学校

山梨県

①駿台甲府高等学校
②山梨学院高等学校(特進)
③山梨学院高等学校(進学)
④山梨英和高等学校

岐阜県

①鶯谷高等学校
②富田高等学校
③岐阜東高等学校
④岐阜聖徳学園高等学校
⑤大垣日本大学高等学校
⑥美濃加茂高等学校
⑦済美高等学校

静岡県

①御殿場西高等学校
②知徳高等学校
③日本大学三島高等学校
④沼津中央高等学校
⑤飛龍高等学校
⑥桐陽高等学校
⑦加藤学園高等学校
⑧加藤学園暁秀高等学校
⑨誠恵高等学校
⑩星陵高等学校
⑪静岡県富士見高等学校
⑫清水国際高等学校
⑬静岡サレジオ高等学校
⑭東海大学付属静岡翔洋高等学校
⑮静岡大成高等学校
⑯静岡英和女学院高等学校
⑰城南静岡高等学校
⑱静岡女子高等学校
⑲{常葉大学附属常葉高等学校
常葉大学附属橘高等学校
常葉大学附属菊川高等学校
⑳静岡北高等学校
㉑静岡学園高等学校
㉒焼津高等学校
㉓藤枝明誠高等学校
㉔静清高等学校
㉕磐田東高等学校
㉖浜松学院高等学校
㉗浜松修学舎高等学校
㉘浜松開誠館高等学校
㉙浜松学芸高等学校
㉚浜松聖星高等学校
㉛浜松日体高等学校
㉜聖隷クリストファー高等学校
㉝浜松啓陽高等学校
㉞オイスカ浜松国際高等学校

愛知県

①[国立]愛知教育大学附属高等学校
②愛知高等学校
③名古屋経済大学市邨高等学校
④名古屋経済大学高蔵高等学校
⑤名古屋大谷高等学校
⑥享栄高等学校
⑦椙山女学園高等学校
⑧大同大学大同高等学校
⑨日本福祉大学付属高等学校
⑩中京大学附属中京高等学校
⑪至学館高等学校
⑫東海高等学校
⑬名古屋たちばな高等学校
⑭東邦高等学校
⑮名古屋高等学校
⑯名古屋工業高等学校
⑰名古屋葵大学高等学校
(名古屋女子大学高等学校)
⑱中部大学第一高等学校
⑲桜花学園高等学校
⑳愛知工業大学名電高等学校
㉑愛知みずほ大学瑞穂高等学校
㉒名城大学附属高等学校
㉓修文学院高等学校
㉔愛知啓成高等学校
㉕聖カピタニオ女子高等学校
㉖滝高等学校
㉗中部大学春日丘高等学校
㉘清林館高等学校
㉙愛知黎明高等学校
㉚岡崎城西高等学校
㉛人間環境大学附属岡崎高等学校
㉜桜丘高等学校

㉝光ヶ丘女子高等学校
㉞藤ノ花女子高等学校
㉟栄徳高等学校
㊱同朋高等学校
㊲星城高等学校
㊳安城学園高等学校
㊴愛知産業大学三河高等学校
㊵大成高等学校
㊶豊田大谷高等学校
㊷東海学園高等学校
㊸名古屋国際高等学校
㊹啓明学館高等学校
㊺聖霊高等学校
㊻誠信高等学校
㊼誉高等学校
㊽杜若高等学校
㊾菊華高等学校
㊿豊川高等学校

三重県

①暁高等学校(3年制)
②暁高等学校(6年制)
③海星高等学校
④四日市メリノール学院高等学校
⑤鈴鹿高等学校
⑥高田高等学校
⑦三重高等学校
⑧皇學館高等学校
⑨伊勢学園高等学校
⑩津田学園高等学校

滋賀県

①近江高等学校

大阪府

①上宮高等学校
②大阪高等学校
③興國高等学校
④清風高等学校
⑤早稲田大阪高等学校
(早稲田摂陵高等学校)
⑥大商学園高等学校
⑦浪速高等学校
⑧大阪夕陽丘学園高等学校
⑨大阪成蹊女子高等学校
⑩四天王寺高等学校
⑪梅花高等学校
⑫追手門学院高等学校
⑬大阪学院大学高等学校
⑭大阪学芸高等学校
⑮常翔学園高等学校
⑯大阪桐蔭高等学校
⑰関西大倉高等学校
⑱近畿大学附属高等学校
⑲金光大阪高等学校
⑳星翔高等学校
㉑阪南大学高等学校
㉒箕面自由学園高等学校
㉓桃山学院高等学校
㉔関西大学北陽高等学校

兵庫県

①雲雀丘学園高等学校
②園田学園高等学校
③関西学院高等部
④灘高等学校
⑤神戸龍谷高等学校
⑥神戸第一高等学校
⑦神港学園高等学校
⑧神戸学院大学附属高等学校
⑨神戸弘陵学園高等学校
⑩彩星工科高等学校
⑪神戸野田高等学校
⑫滝川高等学校
⑬須磨学園高等学校
⑭神戸星城高等学校
⑮啓明学院高等学校
⑯神戸国際大学附属高等学校
⑰滝川第二高等学校
⑱三田松聖高等学校
⑲姫路女学院高等学校
⑳東洋大学附属姫路高等学校
㉑日ノ本学園高等学校
㉒市川高等学校
㉓近畿大学附属豊岡高等学校
㉔夙川高等学校
㉕仁川学院高等学校
㉖育英高等学校

奈良県

①西大和学園高等学校

岡山県

①[県立]岡山朝日高等学校
②清心女子高等学校
③就実高等学校
(特別進学コース〈ハイグレード・アドバンス〉)
④就実高等学校
(特別進学チャレンジコース・総合進学コース)
⑤岡山白陵高等学校
⑥山陽学園高等学校
⑦関西高等学校
⑧おかやま山陽高等学校
⑨岡山商科大学附属高等学校
⑩倉敷高等学校
⑪岡山学芸館高等学校(1期1日目)
⑫岡山学芸館高等学校(1期2日目)
⑬倉敷翠松高等学校
⑭岡山理科大学附属高等学校
⑮創志学園高等学校
⑯明誠学院高等学校
⑰岡山龍谷高等学校

広島県

①[国立]広島大学附属高等学校
②[国立]広島大学附属福山高等学校
③修道高等学校
④崇徳高等学校
⑤広島修道大学ひろしま協創高等学校
⑥比治山女子高等学校
⑦呉港高等学校
⑧清水ヶ丘高等学校
⑨盈進高等学校
⑩尾道高等学校
⑪如水館高等学校
⑫広島新庄高等学校
⑬広島文教大学附属高等学校
⑭銀河学院高等学校
⑮安田女子高等学校
⑯山陽高等学校
⑰広島工業大学高等学校
⑱広陵高等学校
⑲近畿大学附属広島高等学校福山校
⑳武田高等学校
㉑広島県瀬戸内高等学校(特別進学)
㉒広島県瀬戸内高等学校(一般)
㉓広島国際学院高等学校
㉔近畿大学附属広島高等学校東広島校
㉕広島桜が丘高等学校

山口県

①高水高等学校
②野田学園高等学校
③宇部フロンティア大学付属香川高等学校
(普通科〈特進・進学コース〉)
④宇部フロンティア大学付属香川高等学校
(生活デザイン・食物調理・保育科)
⑤宇部鴻城高等学校

徳島県

①徳島文理高等学校

香川県

①香川誠陵高等学校
②大手前高松高等学校

愛媛県

①愛光高等学校
②済美高等学校
③FC今治高等学校
④新田高等学校
⑤聖カタリナ学園高等学校

福岡県

①福岡大学附属若葉高等学校
②精華女子高等学校（専願試験）
③精華女子高等学校（前期試験）
④西南学院高等学校
⑤筑紫女学園高等学校
⑥中村学園女子高等学校（専願入試）
⑦中村学園女子高等学校（前期入試）
⑧博多女子高等学校
⑨博多高等学校
⑩東福岡高等学校
⑪福岡大学附属大濠高等学校
⑫自由ケ丘高等学校
⑬常磐高等学校
⑭東筑紫学園高等学校
⑮敬愛高等学校
⑯久留米大学附設高等学校
⑰久留米信愛高等学校
⑱福岡海星女子学院高等学校
⑲誠修高等学校
⑳筑陽学園高等学校（専願入試）
㉑筑陽学園高等学校（前期入試）
㉒真颯館高等学校
㉓筑紫台高等学校
㉔純真高等学校
㉕福岡舞鶴高等学校
㉖折尾愛真高等学校
㉗九州国際大学付属高等学校
㉘祐誠高等学校
㉙西日本短期大学附属高等学校
㉚東海大学付属福岡高等学校
㉛慶成高等学校
㉜高稜高等学校
㉝中村学園三陽高等学校
㉞柳川高等学校
㉟沖学園高等学校
㊱福岡常葉高等学校
㊲九州産業大学付属九州高等学校
㊳近畿大学附属福岡高等学校
㊴大牟田高等学校
㊵久留米学園高等学校
㊶福岡工業大学附属城東高等学校（専願入試）
㊷福岡工業大学附属城東高等学校（前期入試）
㊸八女学院高等学校
㊹星琳高等学校
㊺九州産業大学付属九州産業高等学校
㊻福岡雙葉高等学校

佐賀県

①龍谷高等学校
②佐賀学園高等学校
③佐賀女子短期大学付属佐賀女子高等学校
④弘学館高等学校
⑤東明館高等学校
⑥佐賀清和高等学校
⑦早稲田佐賀高等学校

長崎県

①海星高等学校（奨学生試験）
②海星高等学校（一般入試）
③活水高等学校
④純心女子高等学校
⑤長崎南山高等学校
⑥長崎日本大学高等学校（特別入試）
⑦長崎日本大学高等学校（一次入試）
⑧青雲高等学校
⑨向陽高等学校
⑩創成館高等学校
⑪鎮西学院高等学校

熊本県

①真和高等学校
②九州学院高等学校（奨学生・専願生）
③九州学院高等学校（一般生）
④ルーテル学院高等学校（専願入試・奨学入試）
⑤ルーテル学院高等学校（一般入試）
⑥熊本信愛女学院高等学校
⑦熊本学園大学付属高等学校（奨学生試験・専願生試験）
⑧熊本学園大学付属高等学校（一般生試験）
⑨熊本中央高等学校
⑩尚絅高等学校
⑪文徳高等学校
⑫熊本マリスト学園高等学校
⑬慶誠高等学校

大分県

①大分高等学校

宮崎県

①鵬翔高等学校
②宮崎日本大学高等学校
③宮崎学園高等学校
④日向学院高等学校
⑤宮崎第一高等学校（文理科）
⑥宮崎第一高等学校（普通科・国際マルチメディア科・電気科）

鹿児島県

①鹿児島高等学校
②鹿児島実業高等学校
③樟南高等学校
④れいめい高等学校
⑤ラ・サール高等学校

新刊
もっと過去問シリーズ

愛知県

愛知高等学校
7年分（数学・英語）
中京大学附属中京高等学校
7年分（数学・英語）
東海高等学校
7年分（数学・英語）
名古屋高等学校
7年分（数学・英語）
愛知工業大学名電高等学校
7年分（数学・英語）
名城大学附属高等学校
7年分（数学・英語）
滝高等学校
7年分（数学・英語）

※もっと過去問シリーズは入学試験の実施教科に関わらず、数学と英語のみの収録となります。

教英出版
〒422-8054
静岡県静岡市駿河区南安倍3丁目12－28
TEL 054-288-2131
FAX 054-288-2133
詳しくは教英出版で検索
教英出版　検索
URL https://kyoei-syuppan.net/

2024年度
惺山高等学校入学者選抜
学力検査問題

国　　語

（9：30　～　10：20）

注　意

1 「開始」の合図があるまで、開いてはいけません。

2　問題は８ページまであります。

3 「開始」の合図があったら、まず、解答用紙の第一志望学科・コースに丸を付け、受検番号・氏名を書きなさい。

4　答えは、すべて解答用紙に書きなさい。

5 「終了」の合図で、すぐ鉛筆をおき、解答用紙を裏返しにしなさい。

一　次の文章を読んで、後の問いに答えなさい。

（クイズ同好会をやめようとする葉山ナツキをひきとめるため、メンバーの一人の小栗（ニックネーム＝ドングリ）は電話をかけた。）

「ごめん、もう私、みんなについていけそうにないから。じゃあね、頑張って」
小栗の頭に、葉山が受話器を置こうとする映像が鮮明に浮き上がった。
「待って！」
「なに？」
なんとか、引き止めたようだ。しかし、何を言えばいいのだろう。
……困ったときはクイズの話だ。これは、小栗が葉山と気まずい時間をすごしてきた時の一つの方法だった。
「ナツキ、初めて肉じゃがを作らせた日本人って、誰だか知ってる？」
A突拍子もない話題だった。受話器の向こうで、葉山が呆《あき》れているように思えた。
「え？」
「初めて肉じゃがを作らせた、日本の歴史上の人物」
ダメなのは分かっている。でも、①もう引き返せない。
思いがけず、ここからの沈黙は、小栗にとってなぜか心地よいものに感じられた。葉山がメガネのレンズの縁をこすっている音すら聞こえそうだった。
「明治時代だろうな、きっと。誰だろう？　福沢諭吉とか？」
答えてくれた！　やっぱり、それでこそ葉山ナツキだ。
「違う……と思う」
「思うって、なに？」
「実はこないだ本で読んだんだけど、忘れちゃって。Ⅰナツキなら知ってると思ったんだ」
言いなれた台詞《せりふ》なのにすごく色あせているように感じた。――Ⅱナツキなら知ってると思ったんだ。
受話器の向こうで、葉山がため息をつく。
「ドングリ、もう、私、クイズやめたから」
それっきり、葉山の声は聞こえなくなった。

明治三十四年、大日本帝国海軍・舞鶴鎮守府の厨房《ちゅうぼう》で、料理長は困り果てていた。初代司令長官として赴任してきたこわもての軍人が、聞いたこともない料理の注文を押し付けてきたためである。
ビーフシチュー。
かつて司令長官が英国に留学していた頃に食べた思い出の味であり、牛肉が入っていて軍人たちの栄養にもいいから……というのだが、材料を聞けば、バターやワインなど、とうてい手に入りにくいものばかりなのである。
知恵を絞った結果、料理長は牛肉とジャガイモ、ニンジン、玉ねぎ等の野菜を煮て、砂糖、醤油、ごま油で味つけをして司令長官の前に差し出した。【a】司令長官は「ビーフシチューとはB似ても似つかぬ」と顔を歪《ゆが》めたが、一口食すなり「これはこれで美味《うま》い」と大絶賛。「甘煮」と名付けられたこの料理は海軍のスタンダードな料理の一つとなり、やがて家庭にも広がり、「肉じゃが」という名で親しまれるようになった。【b】

問一　═══部A・Bの意味として最も適切なものを次からそれぞれ一つずつ選び、記号で答えなさい。

A　突拍子もない
ア　違和感のない
イ　とても調子はずれの
ウ　あまりにも突然な
エ　面白みがない
オ　極めて意外すぎる

B　似ても似つかぬ
ア　完全に一致している
イ　中身は同じだろう
ウ　それほど離れていない
エ　意外にそっくりな
オ　まるで違っている

問二　次の一文は、文中【a】～【d】のうちどこに入るのが適当だと考えられますか。最も適切なものを一つ選び、記号で答えなさい。

> つまり、初めて肉じゃがを作らせた日本人は、東郷平八郎であったということになるのだ。

問三　―――部①について、小栗がこのように感じた理由として最も適切なものを次から一つ選び、記号で答えなさい。

ア　葉山ナツキが黙り込むほど真剣にクイズへ向き合っている様子を、とても頼もしく思ったから。
イ　葉山ナツキがメガネの縁をこするという考えるときの癖を思い出し、楽しい気持ちになったから。
ウ　葉山ナツキが答えを考えている沈黙から、以前の同好会とじような雰囲気を感じることができたから。
エ　葉山ナツキがクイズを出されて喜んでいる様子から、早く同好会に戻りたいと考えているように感じたから。
オ　葉山ナツキの知識量には驚かされてばかりいたことを思い出し、自分もさらに頑張ろうと考えたから。

問四　―――部②について、葉山ナツキがこのように感じた理由を以下のようにまとめました。空欄に入る語句を、指定の文字数で答えなさい。

> 葉山ナツキは、【　1（十字程度）　】を少しずつ増やしていくことや、【　2（十字程度）　】のチームメイトからの賞賛に、【　3（二字）　】を感じているから。

この時、「ビーフシチューを作れ」と無茶な命令を下した司令長官こそ、後に日露戦争で連合艦隊を率いてロシア軍を駆逐することになる、東郷平八郎であった。

【c】

図書室でこの情報に出会った葉山ナツキは、小栗が自分に残したもやもやが解消された喜びとともに、他の何物にも代えがたい興奮を覚えた。【d】肉じゃがだなんて素朴な家庭料理の誕生に、こんなにも有名な明治の軍人が関わっていたなんて……「へーっ」という、それ以上でもそれ以下でもない知識。しかし、②そんな知識こそ、なんて素晴らしいのだろう。

本から目を上げると、図書室のいつもの席だ。

葉山はふと、目の前の、机と本棚との間の空間に、※鹿川幸彦の姿を思い描いた。そういえば、彼に初めて声をかけられたのも、この席だった。去年の十月の半ば。あの日はたしか、『明治の文豪』という分厚い本を読んでいたんだっけ。

「君、いつもここに座って本読んでるよね?」

右目下の泣きボクロが印象的な顔だった。

「本、好きなの?」

自分が話しかけられたことに驚き、そして迷惑だと思った。あの時は、友だちと呼べる存在など、一人もいなかったし、他人と話すことに使うエネルギーを、自分は持ち合わせていないのだと思っていたからだ。

「ねえ、一緒にクイズやらない?」

この一言に、葉山は思わず、③彼の顔を見つめてしまったのだった。引っかかったのは、「クイズ」の部分ではない。「一緒に」の部分だ。この私と、一緒に?

「興味ある?」

答えに困った。考えてみれば、他人と話をするのが久しぶりかもしれなかった。

「……図書室内では、静かにしてほしいのですけど」

なぜか、そんなことを口にした。

彼は一瞬たじろいだ……はずだった。

「じゃあさ、図書室の外に出よう」

「え?」

「図書室の外で、話をしよう」

この先輩には全く話が通じない。それはひょっとしたら、自分の言葉足らずのせいなのかもしれない。でもこれ以上、どういう会話をしたらいいのか、わからない。だとしたら、この場は彼に従うしかないのだろう……。

そうあきらめて本を閉じ、彼についていったのが、すべての始まりだった。

初めは慣れなかったけど、みんなと「一緒に」、クイズを楽しむようになっていった。

これまで読んだ本の中にあった知識を、答えとして口にする喜び。これまで興味すら持たなかったスポーツや映画の知識を少しずつ増やしていく喜び。そして、難問に対する正解の時に、チームメイトが驚き、拍手してくれる喜び。

――Ⅲナツキなら知ってると思ったんだ。

小栗の声が聞こえた気がした。

やっぱり自分は、どうしようもなくクイズが好きだと思った。

(『双月高校、クイズ日和』青柳　碧人)

※鹿川幸彦　…　クイズ同好会の設立メンバー。

問五 ――部③について、葉山ナツキがこのような行動をとった理由として最も適切なものを次から一つ選び、記号で答えなさい。

ア　クイズが好きだという強い気持ちがばれたと思ったから。
イ　誰かと一緒に何かに取り組むなど考えていなかったから。
ウ　大きな声で話しかけられるとは思いもしなかったから。
エ　自分の時間を邪魔されて迷惑だと抗議したかったから。
オ　やっと声を掛けてもらえ同好会に入れると喜んだから。

問六 〰〰部Ⅰ「ナツキなら知ってると思ったんだ」という台詞《せりふ》は、小栗(〰〰部Ⅱ)と葉山ナツキ(〰〰部Ⅲ)では違った意味を持っています。最も適切なものを次からそれぞれ一つずつ選び、記号で答えなさい。

1 〰〰部Ⅱについて

ア　豊富なクイズの知識を持つ葉山ナツキには、答えられて当たり前のあまりに簡単な質問だと反省している。
イ　クイズの話になれば、今すぐにでも切られてしまいそうな電話の時間を少しでも伸ばせると思っている。
ウ　まさか葉山ナツキにも答えられない問題があるとは思いもよらず、とても残念な気持ちになっている。
エ　いつも気まずい時間ばかりを過ごしてきた葉山ナツキと穏やかに話すことができ、とても嬉しく感じている。

2 〰〰部Ⅲについて

ア　この台詞から、絶対に間違うことが出来ない重圧を改めて思い出した。
イ　この台詞から、自信を持ってクイズに臨んでいたことを思い出した。
ウ　この台詞を思い出したことで、自分自身の気持ちが再確認されている。
エ　この台詞を思い出したことで、同好会に戻れないことを実感している。

二 次の文章を読んで、後の問いに答えなさい。

自分に「イエス」というなら、自分が本当に得意なものは何なのかを考えることも大切です。

というのは、がんばっているつもりでも、それがもともと不得意な分野なら、最初から大きなハンディを背負っていることになるからです。

[a] プランナーのような仕事に憧《あこが》れ、運よく企画部門に配属されたとします。

最初はうれしいでしょう。希望する仕事ができるのですから、張り切って勉強し、仕事を評価されたいと考えるはずです。

でも、希望する仕事に就いても思い通りにいくとはかぎりません。望んでいた仕事には自分が活躍するいいイメージだけを描いていますから、思い通りにいかないと、時間が経つにつれ現実とのギャップに悩まされます。気に入った仕事が任されない、自分ではうまくいったと思っても評価されない。同僚にA劣等感を持ってしまう……。

そんなとき、「ここで挫《くじ》けてはダメだ」と自分を励ましても、苦しい時期が続きます。

センスはあると思っていた。それが認められたから憧れの職場に配属されたはずだ。だから、こんなことでへこたれてはいけない……。

しかし、いくらランクアップをめざしても、周囲に追いつけないと、①そのうち自分の能力に不安を感じるようになってきます。

けれども、憧れはムードに過ぎない場合があります。自分に向いている、才能がある、というのも、たんなる思い込みに過ぎない場合があります。

そんなときには、仕事の向き不向きは案外、自分でも気がつかないことが多い、と考えてみてはどうでしょうか。

好きだから、憧れだったからというだけで、②その仕事に就けたことが人生の着地点とはかぎらないのです。

好きも憧れも自分の思い込みで（格好いいとか、人に自慢できるとか）、本当に全力で打ち込める仕事はほかにあるかもしれないのです。

憧れていた仕事ほど、自分に向いていないとは気がつきにくい、あるいは気がつきたくない。そういう可能性もあるのです。

問一 ══部A「劣等感」の対義語として最も適切なものを次から一つ選び、記号で答えなさい。

ア 高揚感
イ 優越感
ウ 使命感
エ 充足感
オ 信頼感

問二 空欄 [a]・[b] に当てはまる語の組み合わせとして正しいものを次から一つ選び、記号で答えなさい。

ア a そこで b あるいは
イ a そこで b たしかに
ウ a たとえば b たしかに
エ a いつしか b けれども
オ a たとえば b あるいは

問三 ──部①について、その理由として最も適切なものを次から一つ選び、記号で答えなさい。

ア 望んでいた仕事にも関わらず、思い通りにいかない現実とのギャップを感じるため。
イ 望んでいた仕事に就けたことにより、周囲からの期待感がふくらんでいるように感じるため。
ウ 望んでいた仕事であったはずだが、本当に自身が望んでいた仕事かわからなくなってしまうため。
エ 望んでいた仕事であったが、続けていくうちに周囲との熱量の差によって、仕事が任されなくなるため。
オ 望んでいた仕事であったが、想像していた仕事と実際の業務内容との違いを知り、やる気を失ってしまうため。

では、どうすればいいのでしょうか。

これまで得意だったことや、わりと楽しくできたことを思い出してみてください。

学生のころにバイトで働いたレストランが楽しかった。オーナーからも信頼された。接客業を自分の仕事として考えたことはなかったけど、[b]お客さんを相手にサービスして喜んでもらうのはうれしい経験だった。もし、そんなことが思い浮かんだら、サービス業こそ自分の能力を存分に発揮できる仕事かもしれないのです。

会社員をしながら、自分がかつてバイトで体験した料理の世界へのあこがれを抱いていた人がいます。あるとき、思い立って※唎酒師《ききざけし》の資格に挑戦しました。もちろんいまの仕事を続けながらです。

料理学校にも通いました。大きなテーブルの回りは若い女性ばかりだったそうです。料理やお酒の知識が膨らむと、器への興味も増し、休みの日は陶器市に行ったりしました。

やがて、あこがれは強い希望に変わり、いつか自分の店を開くことを決意しました。

そうなると、問題は資金。節約はもちろん、夜のバイトも体験しました。

そして、夢はかなえられました。夢をたんなる遠くにあるものとせず、いまこそ、いまだから、と一歩一歩進めて、③自分に「イエス」といえる日を迎えられたのです。

あなたの得意なことや楽しくできることは、何でしょうか。

仕事としてそれを選んだ場合でも、気持ちを伸び伸びさせて働くことができます。

得意なこと、楽しいことをしているときは、ストレスが溜まりません。仕事にしても楽しく働けるでしょう。余計なストレスがなく、気持ちに余裕ができるので、アイディアもいろいろ浮かんできて、仕事の可能性も広がるのではないでしょうか。

こういう④視点で、いままでの自分をふり返ってみるのも大切です。案外、あなたの大切な宝物を見落としているかもしれないのです。

（『自分に「イエス！」といえる本』　和田　秀樹）

※　唎酒師…お酒の品質を判定する人。また飲み方のアドバイスなどを行う人。

問四　――部②とありますが、それはなぜですか。その理由を三十字以内で答えなさい。

問五　――部③「自分に『イエス』といえる」ために必要なこととして、本文中から読み取れるものを次から二つ選び、記号で答えなさい。

ア　自身を肯定してあげること。
イ　自分で考え行動を起こすこと。
ウ　自身と他者を比較しないこと。
エ　自身が持つ特性に気づくこと。
オ　今の自分を常に疑い続けること。

問六　――部④について、これはどのような視点ですか。五十字以内で答えなさい。

問七　本文の内容に当てはまるものを次から一つ選び、記号で答えなさい。

ア　本当に適した職種が見つかるまで探し続けてから、就職した方がよい。
イ　様々な職業に挑戦して経験を積み、得意なことを増やしていくべきだ。
ウ　自身に合った仕事に就くためには、自身の過去の経験を見直すべきだ。
エ　好きなことを仕事にするためには、周囲の意見に流されてはいけない。
オ　自身に合わないと感じたとしても、諦めずに努力を続ければ夢は叶う。

三　次の文章を読んで、後の問いに答えなさい。

近ごろ、最勝光院に梅盛りなる春、aゆゑづきたる《品のある》女房一人、※1釣殿の辺にたたずみて、花を見るほどに、男法師などうち群れて入り来ければ、こちなし《優雅さがない》とや思ひけむ、帰り出でけるを、着たる薄衣の、ことのほかに黄ばみ、すすけたるをbわらひて、

A　花を見捨てて帰る①猿まろ《お猿さん》

と※2連歌をしかけたりければ、とりあへず《すぐに》、

B　星まぼる《見つめる》犬の吠えるに驚きて

と付けたりけり。人々②恥ぢて、逃げにけり。

この女房は俊成卿の女《むすめ》とて、いみじき歌よみなりけるが、深く※3姿をやつしたりけるとぞ。

（『十訓抄』）

問一　＝＝＝部a・bを現代かなづかいに直し、すべてひらがなで書きなさい。

問二　――部①「猿まろ」とは誰のことを指しているのか、最も適切なものを次から一つ選び、記号で答えなさい。

ア　女房
イ　男法師など
ウ　犬
エ　俊成卿

問三　Aの連歌には、どのような思いが込められているのか、最も適切なものを次から一つ選び、記号で答えなさい。

ア　思いやり
イ　気がかり
ウ　あわれみ
エ　からかい

問四　――部②「恥ぢて、逃げにけり」の理由について、国語の授業で次のような話し合いが行われました。空欄（Ⅰ）～（Ⅳ）に当てはまる語句を古文の文中から抜き出しなさい。

※1　釣殿…建物の、庭の池まで伸ばした部分。

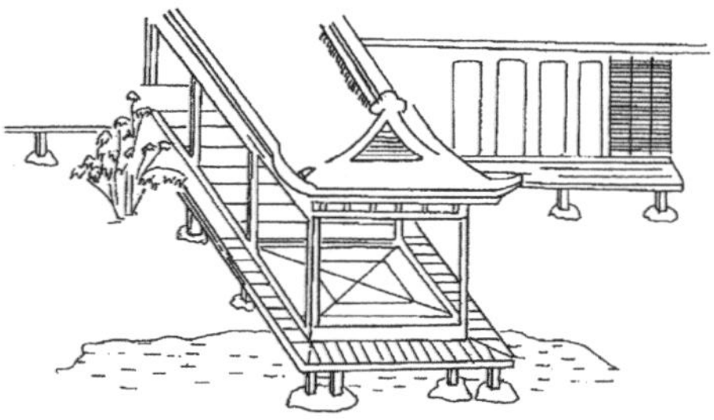

※2　連歌…和歌の上の句（五七五）と下の句（七七）を別々の人がつくって完成させる文芸。

※3　姿をやつす…華美を控え、あえてみすぼらしくすること。

生徒ア　まずは「（　Ⅰ　）」と呼びかけたら、「（　Ⅱ　）」と言い返されたことよね。

生徒イ　しかも「吠える」だから、うるさいと文句をつけている。静かに梅を見ていたんだからね。

先　生　それから「星まぼる犬」も重要です。「つまらぬ者が大それた望みをする」という意味の当時のことわざです。

生徒ア　「つまらぬ者」とも言いたいわけね。「大それた望み」はどういうことかな。

先　生　この場面で何を望んでいた設定になるのか、考えてみましょう。

生徒ア　みんな花を見に来たのだから、「花」だと思うわ。

先　生　だとすると、「花を見に来たのに、うるさく騒ぐつまらぬ者」と言っていることになりますね。

生徒イ　ここは「花」ではなくて、「（　Ⅲ　）」のことだと思う。

先　生　Bの連歌は、ことわざを使っていますね。しかも「（　　Ⅳ　　）」答えた。見事な返事だと思います。

生徒イ　そんなことができる自分を「星」にたとえた、と考えたんだ。

先　生　（　Ⅲ　）は連歌の腕では、望んでもかなわないほどの名人なのです。

生徒ア　それによく読むと、男たちが花を見に来ていたとは書かれていないわ。だとしたら「花」と考えたのは間違いだったのかな。

先　生　雰囲気を壊された悔しさはあるので、花の存在も重要です。二人ともよく考えていますね。

四 ――部について、漢字はその読み方をひらがなで、カタカナは漢字に直して答えなさい。

① 日向に水をまく。
② 叔母を迎えに行く。
③ 一途に思う。
④ 秋の気配を感じる。
⑤ ヨットの帆をはる。
⑥ カクシンをつく。
⑦ 部費をチョウシュウする。
⑧ 小麦をサイバイする。
⑨ 丁寧にアツカう。
⑩ 試合にノゾむ。

五 ユニバーサルデザインとは、年齢や性別、国籍、身体能力に関わらず、すべての人が利用しやすいようにつくられたデザインであり、資料Aはその原則をまとめたものです。これをふまえ、資料Bの中から、改善した方が良いと思うものを一つ選び、まとまりのある二段落構成の文章を書きなさい。

なお、第一段落には資料Aをふまえての問題点を挙げ、第二段落にはその問題点をどのように改善すべきか、あなたの考えを具体的に書きなさい。

《注意》◇題名は書かないこと。
◇二〇〇字以上、二四〇字以内で書くこと。
◇文字は、正しく整えて書くこと。

資料A

【ユニバーサルデザイン７原則】

1. 誰もが公平に使える
2. 使うときの自由度が高い
3. 使用方法が簡単ですぐにわかる
4. 必要な情報がすぐ理解できる
5. ミスや事故につながらないデザイン
6. 身体への負担が少なく楽に使える
7. 使いやすい大きさと空間の確保

資料B

ア

イ

ウ

エ

2024年度

惺山高等学校入学者選抜

学力検査問題

数　　学

（10：35　～　11：20）

注　　意

1　「開始」の合図があるまで、開いてはいけません。

2　問題は6ページまであります。

3　「開始」の合図があったら、まず、解答用紙の第一志望学科・コースに丸を付け、受検番号・氏名を書きなさい。

4　答えは、すべて解答用紙に書きなさい。

5　「終了」の合図で、すぐ鉛筆をおき、解答用紙を裏返しにしなさい。

1 次の計算をしなさい。

（1） $7+(-2)\times3$

（2） $\frac{3}{2}+\frac{1}{2}\div\left(-\frac{3}{4}\right)$

（3） $\sqrt{27}-\sqrt{12}+\sqrt{3}$

（4） $x(x+4)-(x+2)^2$

2 次の各問いに答えなさい。

（1） 2次方程式 $x^2-9x+20=0$ を解きなさい。

（2） 2次方程式 $5x^2-7x+1=0$ を解きなさい。

（３）右の図において，四角形ＡＢＣＤは平行四辺形である。また，点ＥはＡＣ上にあり，ＤＣ＝ＤＥである。$\angle x$ の大きさを求めなさい。

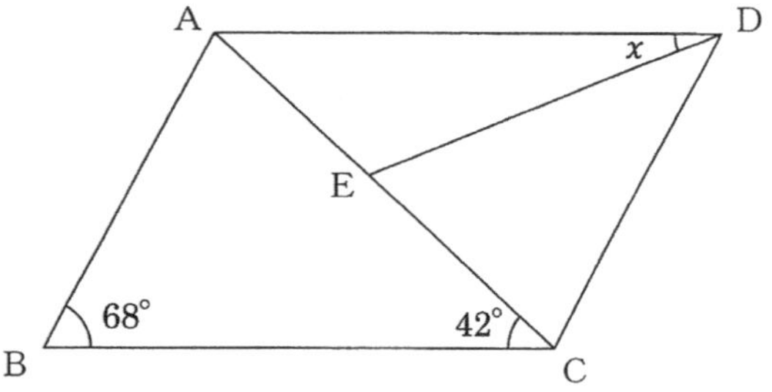

（４）$\sqrt{24n}$ が自然数となるような自然数 n のうちでもっとも小さい値を求めなさい。

（５）関数 $y=ax^2$ について，x の変域が $-1 \leqq x \leqq 2$ のとき，y の変域は $0 \leqq y \leqq 12$ である。a の値を求めなさい。

（６）Ａの袋には１から６までの数字が１つずつ書かれた６個の球が入っており，Ｂの袋には１から５までの数字が１つずつ書かれた５個の球が入っている。それぞれの袋から１個ずつ球を取り出すとき，Ａから取り出した球の数字がＢから取り出した球の数字より小さくなる確率を求めなさい。

（7）次の表は，2022 年 1 月から 12 月までの山形市の月別平均気温（℃）を整数値で表したものである。このデータを表した箱ひげ図を①～④の中から 1 つ選び，記号で答えなさい。

（℃）

月	1 月	2 月	3 月	4 月	5 月	6 月	7 月	8 月	9 月	10 月	11 月	12 月
気温	－1	0	4	12	17	21	26	25	22	14	9	2

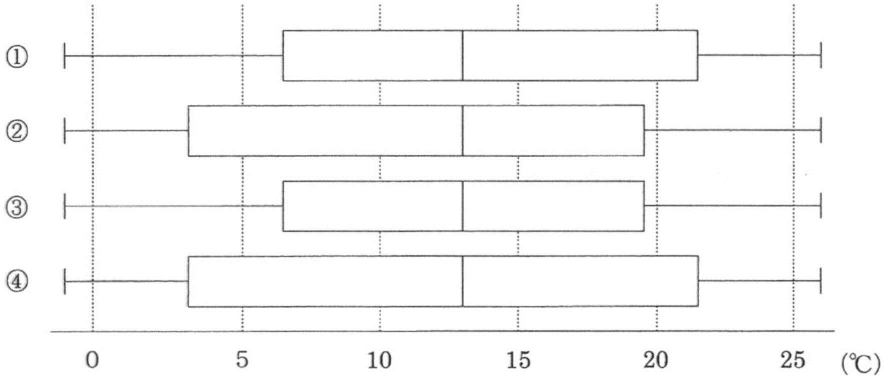

3　ある施設を借りて 3 日間の特別展を行った。入場料は，一般客の入場料とそれよりも安くなる団体客の入場料を設定した。初日の来客数は一般客が 32 人，団体客が 42 人であった。 2 日目の来客数は一般客が 40 人，団体客が 56 人であり，最終日の来客数は一般客が 20 人，団体客が 35 人であった。初日の入場料の合計は 5,400 円だった。ところが， 2 日目と最終日の入場料の合計を記録したノートをなくしてしまい， 手元には「最終日は 2 日目より入場料の合計が 3,060 円少なくて残念」というメモが残っていた。次の各問いに答えなさい。

（1）一般客の入場料を x 円，団体客の入場料を y 円として連立方程式を作りなさい。

（2）一般客の入場料と団体客の入場料をそれぞれ求めなさい。

4 右の図のように，半径２cm，高さ４cm の円柱がある。上底の円周が３等分となるように点Ａ，Ｂ，Ｃをとる。また，下底の円周上に点Ｐをとるとき，次の各問いに答えなさい。

（１）弧ＢＣの長さを求めなさい。

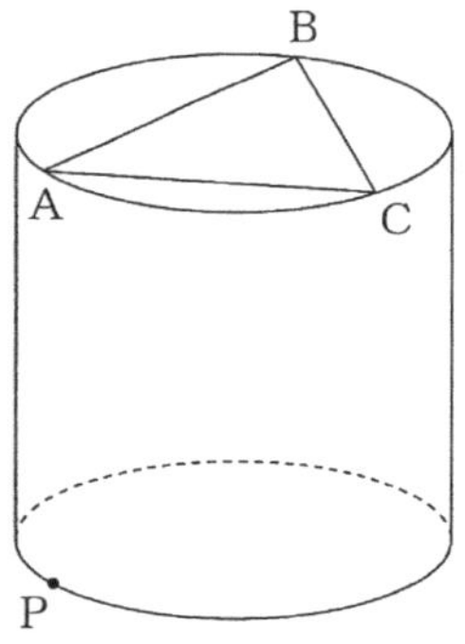

（２）弦ＢＣの長さを求めなさい。

（３）△ＰＢＣが二等辺三角形になるのは２通りある。このとき，面積が大きい方の△ＰＢＣを考える。△ＰＢＣの面積を求めなさい。

（４）（３）で求めた△ＰＢＣにおいて，点Ａから△ＰＢＣに下ろした垂線の足をＨとする。このとき，線分ＡＨの長さを求めなさい。

5 図のように，関数 $y=ax^2$ …① のグラフと直線 ℓ は２点Ａ，Ｂで交わっている。点Ａの座標は（－４，－８），点Ｂの x 座標は２である。次の各問いに答えなさい。

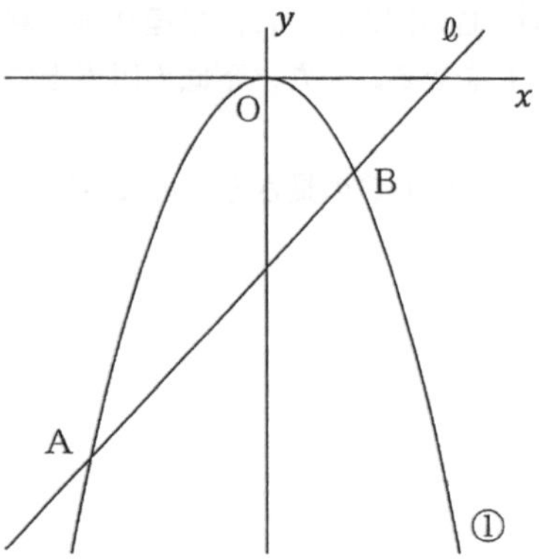

（１）a の値を求めなさい。

（２）直線 ℓ の式を求めなさい。

（３）△ＯＡＢの面積を求めなさい。

（４）①のグラフ上に，△ＡＢＣの面積が△ＯＡＢの面積の５倍となるように点Ｃをとるとき，点Ｃの x 座標を求めなさい。ただし，点Ｃの x の座標は正とする。

6 右の図で，３点Ａ，Ｂ，Ｃは点Ｏを中心とする円の周上にあり，点Ｃにおける接線と直線ＡＢの交点をＤとする。
このとき，（ａ）～（ｅ）にあてはまるものを下の語群から選び，記号で答えなさい。なお，記号は繰り返し使ってよい。
また，（Ｘ），（Ｙ）にあてはまる角度を答えなさい。

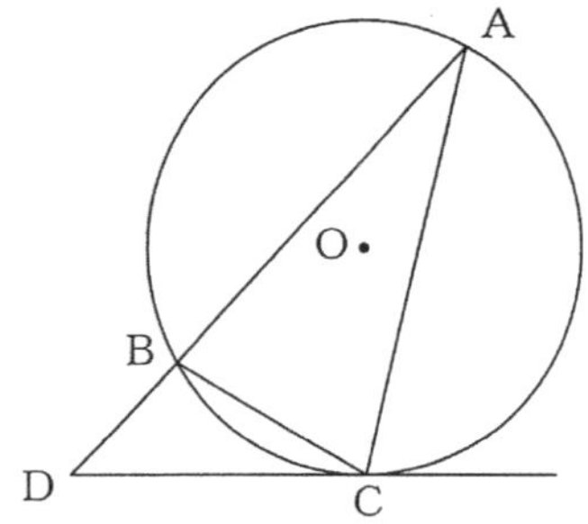

花子さんは，△ＡＤＣと△ＣＤＢが相似であることを証明しようと取り組んでいる。

【証明】
△ＡＤＣと△ＣＤＢにおいて
共通な角なので，　∠ＡＤＣ ＝ （ａ）　……①

ここで花子さんは，証明に行き詰まってしまい，太郎君にアドバイスを求めた。

花子「ここからどのように証明を進めていけばいいかな。」
太郎「うーん，そうだなあ。直線ＯＣと円周の交点のうち，Ｃでないものを E とおいて，
△ＥＢＣを考えると，角についてわかることが増えそうだね。」
花子「確かにそうだね！△ＥＢＣを作図して，証明を進めてみるわ。」

花子さんは，太郎君のアドバイスをもとに証明を続けた。

弧ＢＣに対する円周角は等しいので，　∠ＢＡＣ ＝ （ｂ）　……②
△ＥＢＣについて，
弧ＥＣに対する円周角なので，　∠ＥＢＣ ＝ （Ｘ）　……③
③より，　（Ｘ） － （ｃ） ＝ （ｂ）　……④
また，線分ＥＣは円の直径なので，　∠ＥＣＤ ＝ （Ｙ）　……⑤
⑤より　（Ｙ） － （ｃ） ＝ （ｄ）　……⑥
④，⑥より，　（ｂ） ＝ （ｄ）　……⑦
②，⑦より，　∠ＢＡＣ ＝ （ｄ）　……⑧
これらより，　∠ＤＡＣ ＝ （ｄ）　……⑨

①，⑨より，（ｅ）から，　△ＡＤＣ ∽ △ＣＤＢ

（証明終）

花子「これで△ＡＤＣと△ＣＤＢは相似であることが証明できたわ。太郎君ありがとう。」

【語群】

（ア）∠ＣＢＤ	（イ）∠ＣＤＢ	（ウ）∠ＤＣＢ	（エ）∠ＢＣＥ
（オ）∠ＢＥＣ	（カ）∠ＡＯＢ	（キ）∠ＡＯＣ	（ク）∠ＢＯＣ

（ケ）２組の角がそれぞれ等しい　　（コ）３組の辺の比がすべて等しい
（サ）２組の辺の比とその間の角がそれぞれ等しい

2024年度
惺山高等学校入学者選抜
学力検査問題

社　　会

（11：35　～　12：20）

注　　意

1 「開始」の合図があるまで、開いてはいけません。

2 問題は6ページまであります。

3 「開始」の合図があったら、まず、解答用紙の第一志望学科・コースに丸を付け、受検番号・氏名を書きなさい。

4 答えは、すべて解答用紙に書きなさい。

5 「終了」の合図で、すぐ鉛筆をおき、解答用紙を裏返しにしなさい。

1 2023年５月にＧ７サミットが日本で開催されました。あとの問いに答えなさい。

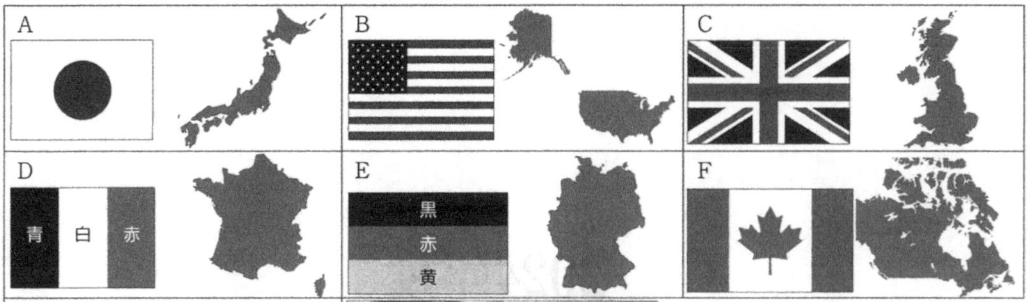

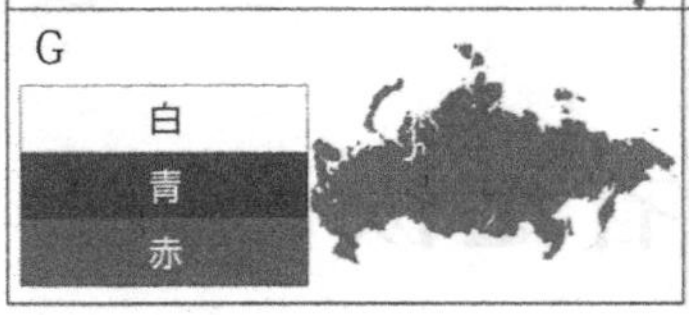

資料１

世界第２位の広い国土の大半は、タイガの針葉樹林帯と北極海沿岸のツンドラ地帯で、人口密度は低い。
【資料２】

問１ 資料１は、開催地にある世界遺産です。この都道府県名を答えなさい。

問２ 会議は、日本時間の5月19日午後１時に行われました。この時のＣ国の日時を答えなさい。

問３ 資料２が示す国を、Ａ～Ｇから１つ選び、記号で答えなさい。また、その国名を答えなさい。

問４ 資料３の中から人口密度が最も低い国を選び、記号で答えなさい。また、その国名を答えなさい。

	面積（千㎢）	人口（千人）
Ｂ国	9,834	338,290
Ｃ国	244	67,509
Ｄ国	552	64,627
Ｇ国	17,098	144,713

資料３（世界国勢図会2023/24より作成）

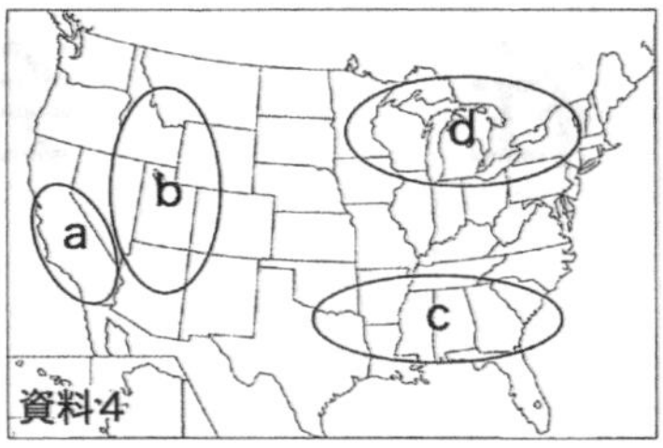

資料４

資料５

問５ Ｂ国（資料４）の農業の説明として正しいものを、次のア～エから１つ選び、記号で答えなさい。

ア ａの地域は、地中海性気候で、オレンジやブドウの栽培がさかんです。

イ ｂの地域は、降水量が多く牧草地として利用され、肉牛の放牧がさかんです。

ウ ｃの地域は、温暖な気候を活かした小麦栽培がさかんです。

エ ｄの地域の五大湖周辺は冷涼な気候のため、この地域全体が非農業地域となっています。

問６ Ｅ国の説明文として正しいものを、次のア～エから１つ選び、記号で答えなさい。

ア ロッテルダムには、原油の輸入に便利なＥＵ最大の貿易港であるユーロポートがあり、周辺に工場が集中するようになった。

イ 世界で最初に産業革命が起こり、バーミンガムでは鉄鋼業がさかんになった。

ウ パソコンやスマートフォンなどのＩＣＴ関連産業がストックホルムで発達している。

エ ルール炭田とライン川の水運を利用して、鉄鋼業がさかんになった。

問７ Ｇ国の鉱山（資料５）のように坑道を掘らず地表を掘り下げる採掘方法を何というか、答えなさい。

問８ 下の表は、Ｄ～Ｇ国の対日貿易額と主な日本への輸出品（割合）を表しています。このうち、Ｄ国に当てはまるものを、次のア～エから１つ選び、記号で答えなさい。

	対日貿易額(億円)(2021年)		主な日本への輸出品（％）(2021年)
	輸出額	輸入額	
ア	15,065	9,169	肉類（11.3％） なたね（10.4％） 鉄鉱石（9.1％） 木材（8.0％）
イ	15,516	8,623	液化天然ガス（23.9％） 石炭（18.5％） 原油（16.6％） 木材（3.4％）
ウ	12,792	7,309	航空機類（21.0％） 機械類（13.1％） 医薬品（10.0％） ぶどう酒（8.6％）
エ	26,029	22,790	機械類（25.9％） 医薬品（20.7％） 自動車（17.7％） 有機化合物（5.3％）

（世界国勢図会 2023/24より作成）

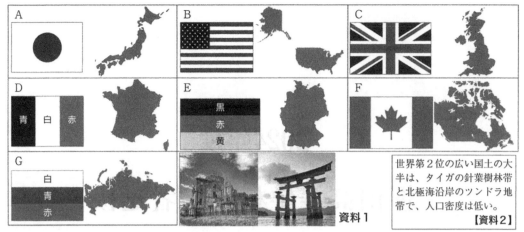

2 次の日本地図を見て、あとの問いに答えなさい。

問1 福島県と隣接する地方の組み合わせとして正しいものを、次のア～エから1つ選び、記号で答えなさい。

ア 近畿地方と中部地方 **イ** 関東地方と近畿地方

ウ 関東地方と中国地方 **エ** 中部地方と関東地方

問2 資料1が示す農作物は何ですか、答えなさい。

問3 ⑥県の県庁所在地の雨温図に該当するものを、次のア～エから1つ選び、記号で答えなさい。

資料1

ある農作物の生産量上位5都道府県(2022年)

都道府県	千t	%
④	631	8.7
①	553	7.6
②	457	6.3
山形	365	5
宮城	327	4.5

(日本国勢図会2023/24より作成)

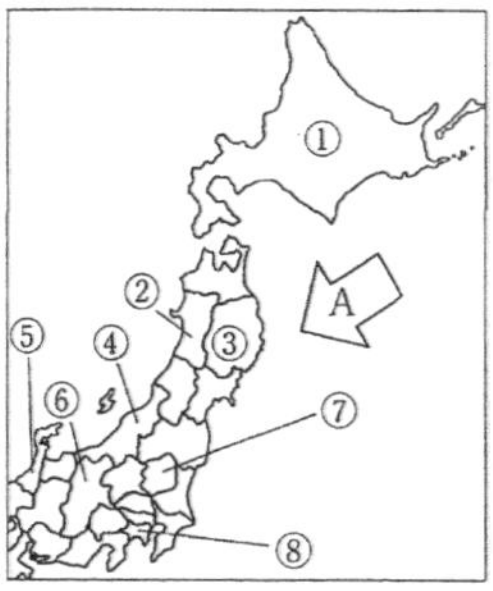

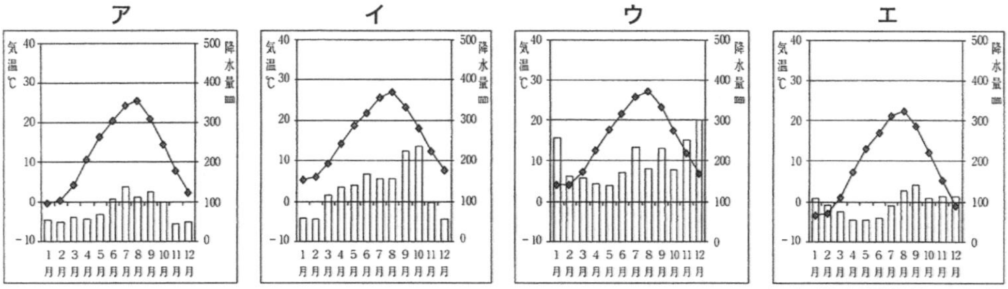

(日本国勢図会2023/24より作成)

問4 矢印Aは、東北地方の太平洋側に冷害を発生させる風を示しています。風の名称と、これをもたらす気団の組み合わせとして正しいものを、右のア～エから1つ選び、記号で答えなさい。

	風の名称	気団名
ア	からっ風	小笠原気団
イ	やませ	オホーツク海気団
ウ	からっ風	オホーツク海気団
エ	やませ	シベリア気団

問5 下のA～Dは、②～⑤県の伝統工芸に関する説明文です。組み合わせとして正しいものを、右のア～エから1つ選び、記号で答えなさい。

A 輪島塗などの工芸品が有名で、海産物が並ぶ朝市も人気である。

B 大館曲げわっぱなど、杉を使用した伝統工芸品が有名である。

C 南部鉄器などの工芸品が有名で、海外で人気が高くなっている。

D 小千谷ちぢみが有名な工芸品で、冬季の副業として行われる。

	②県	③県	④県	⑤県
ア	A	C	D	B
イ	A	D	B	C
ウ	B	D	A	C
エ	B	C	D	A

問6 ⑦県の説明として正しいものを、次のア～エから1つ選び、記号で答えなさい。

ア 2番目に大きい湖があり、東部には国内有数の石油化学コンビナートと工業地域がある。

イ 北部には標高1500m級の連峰があり、南部では、いちご栽培がさかんで国内最大の生産量を誇る。

ウ 明治時代以降、繊維工業が行われ、その時に建てられた製糸場は世界遺産に認定されている。

エ 国内で5番目に人口が多く、首都圏への立地を生かした都市向け野菜の栽培がさかんである。

問7 資料2は、東京23区の昼夜間人口比率を表したものです。昼間と夜間の人口では、どちらが多くなっていますか。昼夜を明確に答え、「地価」「郊外」という語句を使用して、その理由を説明しなさい。

問8 ⑧県を中心として広がる工業地帯名を答えなさい。また、その工業地帯の生産額を表したグラフとして正しいものを、下のア～エから1つ選び、記号で答えなさい。

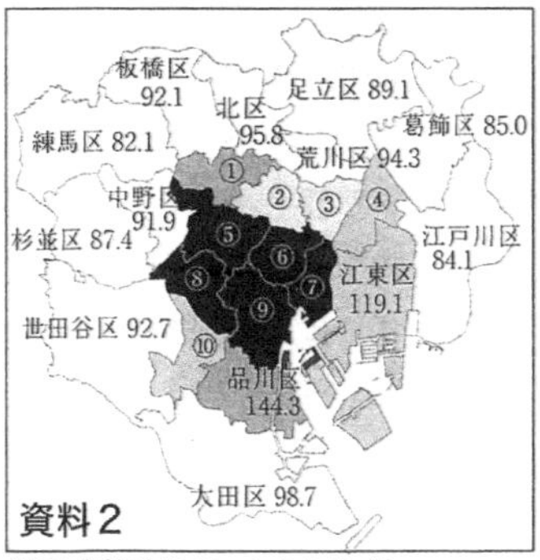

(総務省統計局データより作成)

①	豊島区	148.6
②	文京区	167.2
③	台東区	167.5
④	墨田区	112.8
⑤	新宿区	229.9
⑥	千代田区	1738.8
⑦	中央区	493.6
⑧	渋谷区	254.6
⑨	港区	432.0
⑩	目黒区	109.3

数字は夜間人口を100とした時の、昼間人口の指数を表しています。

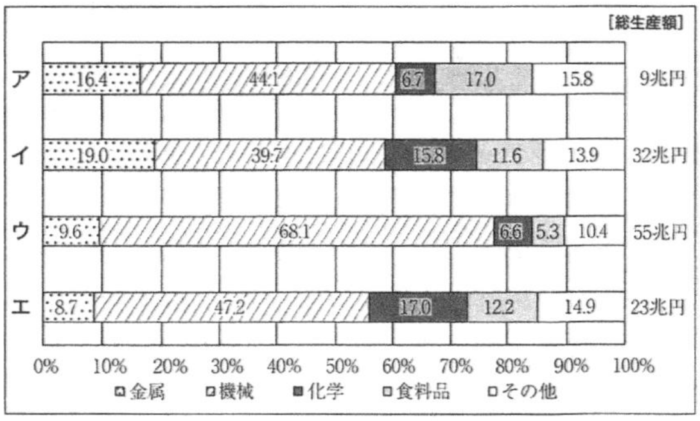

(日本国勢図会 2023/24 より作成)

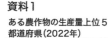

3 遠藤君の班は、それぞれの時代を代表する人物についてまとめました。あとの問いに答えなさい。

A時代	B時代	C時代	D時代

この人物は４人の娘を天皇の妃にして実権を握った。『小右記』には、この人物の権力の強さを物語ったａ和歌が記されている。	この人物は弟を派遣して平氏を攻め滅ぼした。また、配下の武士と主従関係を結び、政治を行った。この人物の死後は北条氏が実権を握った。	この人物により、２つに分裂していた朝廷は統一された。また、周辺諸国と貿易を行い、日本の経済や文化に大きな影響を与えた。	この人物は関ヶ原の戦いに勝利し、全国支配の実権を握った。この人物が開いた幕府は、以後260年余り続く平和な時代を築いた。

問１　波線部ａについて、下の空欄に当てはまる言葉を漢字２文字で答えなさい。

この世をば　わが世とぞ思う　【　　　】の　欠けたることも　無しと思えば

問２　A時代に作られた**作品ではないもの**は、どれですか。次のア～エから１つ選び、記号で答えなさい。

ア　徒然草　　**イ**　枕草子　　**ウ**　源氏物語　　**エ**　古今和歌集

問３　地図中の番号は、各時代の行政の中心地を指し示しています。幕府の所在地の組み合わせとして正しいものを、次のア～オから１つ選び、記号で答えなさい。

問４　B時代に、主に朝廷を監視するために設けられた機関名を何といいますか、答えなさい。また、この機関は略年表中のどの時期に設置されましたか。年表中のW～Zから１つ選び、記号で答えなさい。

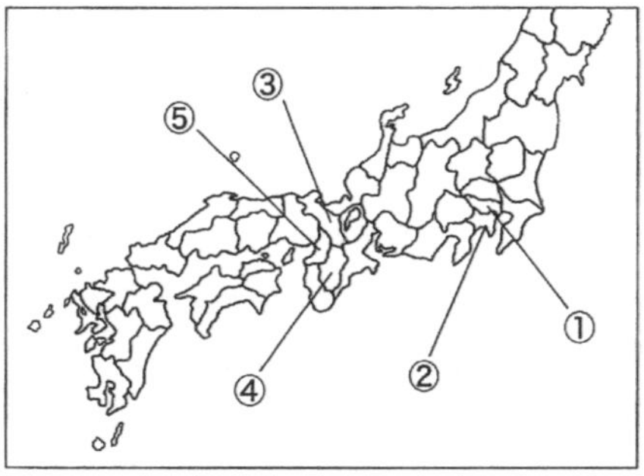

	B時代	C時代	D時代
ア	①	③	④
イ	①	④	②
ウ	②	④	③
エ	②	③	①
オ	②	⑤	①

	できごと
1185	朝廷に守護・地頭の設置を認めさせる …W
1192	写真ｂが征夷大将軍に任命される …X
1221	承久の乱が起こる …Y
1232	御成敗式目が制定される …Z

問５　写真ｃの人物が建てた建造物はどれですか。次のア～エから１つ選び、記号で答えなさい。

ア

イ

ウ

エ

問６　下の説明文は、D時代に行われた政策内容です。これらを古い順に並べ、記号で答えなさい。

ア　昌平坂学問所で朱子学以外の学問を禁止した

イ　オランダ商館を出島に移し鎖国体制を確立した

ウ　極端な動物愛護を行い、特に犬を大事にした

エ　公事方御定書により合理的な司法判断を行った

問７　D時代における地図中⑤についての説明で正しいものを、次のア～ウから１つ選び、記号で答えなさい。

ア　難波に都が移され、ここで朝廷が直接支配する方針が出された。

イ　天下の台所と呼ばれ、商業の中心地として繁栄した。

ウ　港湾が整えられ、日宋貿易の中心地として商業が活発に行われた。

4 下の略年表は、近代から現代のできごとについて、まとめたものです。あとの問いに答えなさい。

問１ 波線部ａの時代に建てられたものを、次のア～エから１つ選び、記号で答えなさい。

ア

イ

ウ

エ

年号	できごと	
1868	元号が a 明治に変わる	
1877	b 西南戦争が始まる	
1889	c 大日本帝国憲法が公布される	
1895	日清戦争が終結する	
1905	d 日比谷焼き討ち事件が起こる	A
1920	e 国際連盟に加盟する	
1951	f サンフランシスコ平和条約が結ばれる	

問２ 波線部ａの政策として**誤っているもの**を、次のア～エから１つ選び、記号で答えなさい。

ア 学制　**イ** 徴兵令　**ウ** 地租改正　**エ** 財閥解体

問３ 資料１は、波線部ｂで挙兵した人物です。この人物の名前を何といいますか、答えなさい。

資料１

問４ 下の条文は、波線部ｃの一部を抜粋したものです。空欄に当てはまる言葉は何ですか、答えなさい。

> ３条 【 X 】は神聖だから非難したりしてはならない。【 X 】は政治をはじめ一切の事の責任を負わないし【 X 】をやめさせることもできない。
> ４条 【 X 】は日本の元首で日本を治める権利を持ち、憲法の決まりに従って日本を治める。
> （現代語訳）

問５ 波線部ｄが発生した理由を、下の２つの条約内容を参考にして説明しなさい。

【下関条約】	【ポーツマス条約】
・朝鮮の独立を認める	・ロシアは旅順と大連の租借権を日本に譲る
・遼東半島を日本に割譲する	・ロシアは日本の韓国に対する優越権を認める
・２億テールの賠償金を日本に払う	・長春以南の鉄道を日本に譲る

問６ 波線部ｅの常任理事国の組み合わせとして正しいものを、右のア～エから１つ選び、記号で答えなさい。

ア	アメリカ	イギリス	イタリア	フランス
イ	イギリス	日本	フランス	イタリア
ウ	イギリス	日本	フランス	ドイツ
エ	ソ連	イギリス	日本	フランス

問７ 下の①～④は、略年表中Ａで起こったできごとです。歴史順に並べたものとして正しいものを、次のア～エから１つ選び、記号で答えなさい。

① 中華民国に二十一か条の要求を示す　② 日英同盟が結ばれる
③ 日本が国際連盟を脱退する　④ 長崎に原子爆弾が投下される

ア ②→①→③→④　**イ** ②→④→①→③　**ウ** ①→②→③→④　**エ** ③→①→④→②

問８ 波線部ｆが結ばれた日に、日本はアメリカ軍基地を日本国内に置くことを認める条約も結びました。この条約を何といいますか、答えなさい。

5 空さんと月さんの会話を読み、あとの問いに答えなさい。

空さん：最近、ＡＩ技術の進歩で本物か偽物か分からない情報や画像が出回っているね。私がWeb上に投稿したイラストに似た作品が出回ってしまい収入が減ってしまったよ。もう描くのを止めようと思う。

月さん：止めることはないよ。あなたには、憲法で【 Ａ 】が保障されているの。逆に、相手に損害を償わせることも出来るんだよ。

空さん：それは、どこで対応してくれるの？

月さん：裁判所が対応してくれるんだよ。

空さん：政府には、一日でも早く活用と規制に関するａルールを決めて欲しいね。
外国では、**①選挙**や**②世論**にまで影響を与えていると聞くよ。

月さん：そのためには、ルールを決めるだけではなく、政府もｂ効率的な行政サービスを目指すことが求められるね。
既に国内でもＡＩに関して条例で活用を定めているところもあるんだよ。

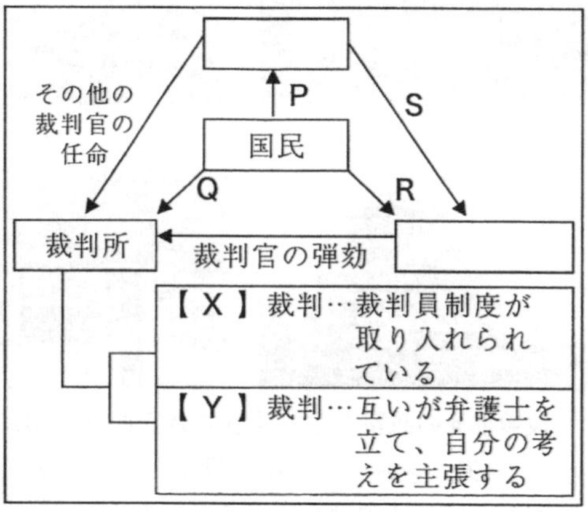

日本の三権分立図

問１ 会話と下の文の【 Ａ 】には同じ言葉が入ります。空欄に当てはまる言葉は何ですか、答えなさい。

> 国民は、すべての【 Ａ 】の享有を妨げられない。この憲法が国民に保障する【 Ａ 】は、侵すことのできない永久の権利として、現在および将来の国民に与えられる。
> （日本国憲法11条）

問２ 【 Ａ 】に**当てはまらない**権利を、次のア～エから１つ選び、記号で答えなさい。

ア 著作権　　**イ** 生存権　　**ウ** 選挙権　　**エ** 知る権利

問３ 波線部ａを担当する機関には、その他にも様々な仕事があります。この仕事に当てはまるものを、次のア～エから１つ選び、記号で答えなさい。

ア 予算案の提出　　**イ** 違憲立法審査
ウ 条約の締結　　**エ** 条約の承認

問４ 会話の①と②は、三権分立図中Ｐ～Ｓのどれに当てはまりますか。正しい組み合わせを、右のア～エから１つ選び、記号で答えなさい。

	①	②
ア	R	P
イ	S	P
ウ	P	Q
エ	P	R

問５ 波線部ｂでは、資料１のようなカードを発行し、コンビニなどで書類発行ができるように取り組んでいます。このカードの発行及び管理を行う省庁名を、次のア～エから１つ選び、答えなさい。

ア 金融庁　　**イ** 総務省
ウ 消費者庁　　**エ** 財務省

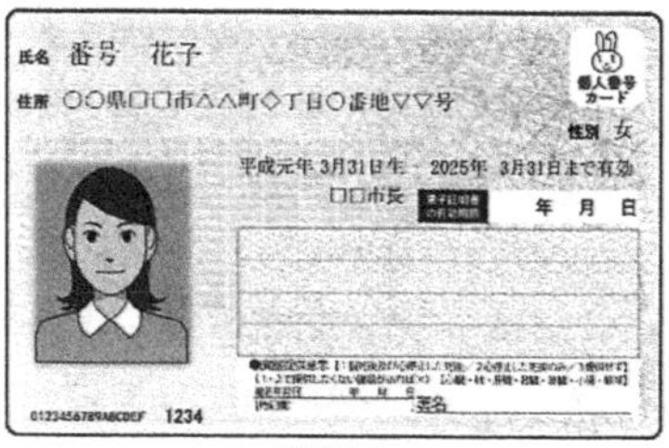

資料１

問６ 会話の中から、既にＡＩに関するルールを決めている組織がどこかを読み取り、次のア～エから１つ選び、記号で答えなさい。

ア 国会　　**イ** 裁判所
ウ 内閣　　**エ** 地方自治体

問７ 空さんの訴えは、三権分立図中のＸとＹのどちらで審議されるでしょうか。ＸとＹのいずれかを選び、その理由を説明しなさい。

6　それぞれの資料を参考に、あとの問いに答えなさい。

問１　下の文は経済主体の説明をしたものです。主体名の組み合わせとして正しいものを、次のア～エから１つ選び、記号で答えなさい。

説明文）

①　Aは、財やサービスなどで資本をできる限り大きくすることを目的とする。

②　Bは、納税した残りの所得で様々な活動を行う。

③　Cは、AとBから得た収入を基に、社会資本の整備や所得格差を是正したりする。

	A	B	C
ア	家計	企業	政府
イ	家計	政府	企業
ウ	企業	家計	政府
エ	企業	政府	家計

問２　記事中の傍線部aの解決に対応する組織を、図１中のア～エから１つ選び、記号で答えなさい。

総会
- 【ア】…経済・教育など幅広い分野を担当し、政策の提案を行う。
  - 【エ】…各国の保健システムの強化、災害への援助を行う。
  - 【ウ】…貧困や暴力など子供達が直面する課題を克服することを目的としている。
- 【イ】…経済制裁など加盟国を拘束する強い権限を有している。
- 国際司法裁判所

図１　国際連合の主な機関と専門機関

県産米粉 利用もっと

小麦高騰、県がパンコンテスト

県は県産米粉の利用拡大に向け、新たな取り組みとして、a米粉を使ったパンのコンテストを企画している。ウクライナなど国際情勢の悪化で、小麦の価格が高騰する中、米粉の魅力を広く知ってもらい、b地産地消やコメ全体の消費拡大につなげる。

山形新聞 令和５年10月30日より抜粋

問３　記事の内容から、パンの市場価格はどのように変化すると考えられますか。図２中のア～エから１つ選び、記号で答えなさい。

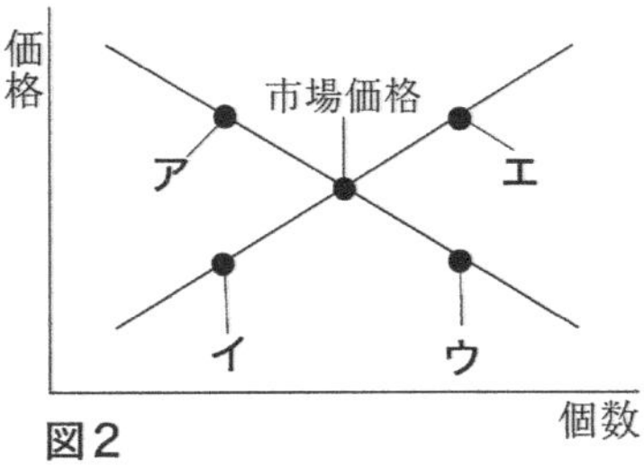

図２

問４　記事のような状態が続くと歳入の中で増収となる国税があります。この税目は何ですか、答えなさい。

問５　記事中の傍線部bは、地球温暖化を解決するための対策にもなると考えられています。この理由を簡単に説明しなさい。

問６　近年の金融業界では、傍線部bなどの環境配慮や企業統治への配慮を基準に資金操作をする動きが見られるようになりました。これを何といいますか、次のア～エから１つ選び、記号で答えなさい。

ア　新NISA投資　　**イ**　ESG投資　　**ウ**　クーリングオフ　　**エ**　グリーンコンシュマー

問７　国内の社会保障制度を持続可能にしていく為には「３つの助」の適切な組み合わせが必要となってきています。図３のXに当てはまる語句は何ですか、答えなさい。

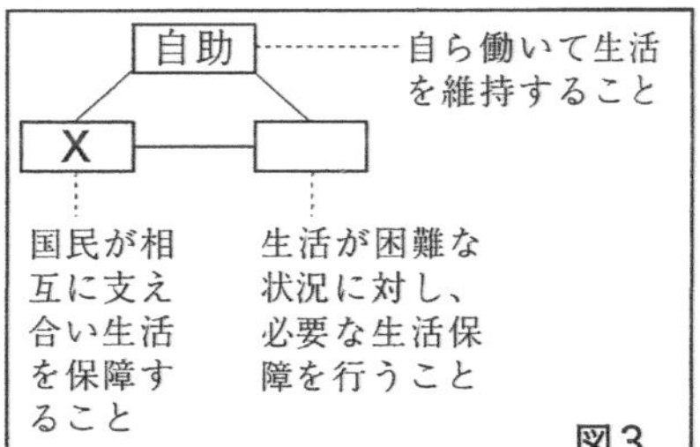

図３

問８　SDGsの視点から、図４や写真のような取り組みが行われてきています。この金融活動を何といいますか。次のア～エから１つ選び、記号で答えなさい。

ア　デジタル通貨

イ　マイクロクレジット

ウ　ビットコイン

エ　マイナポイント

図４

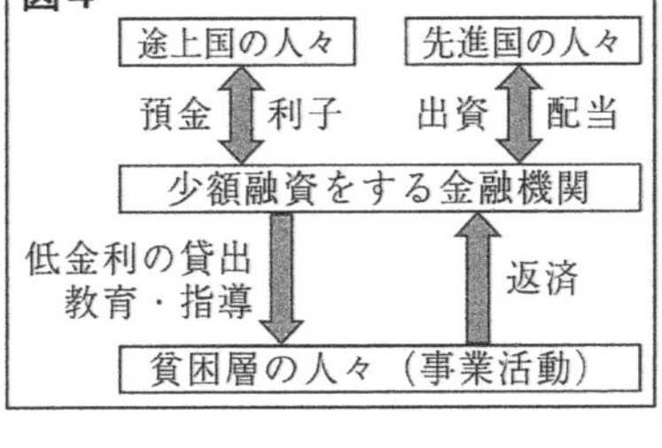

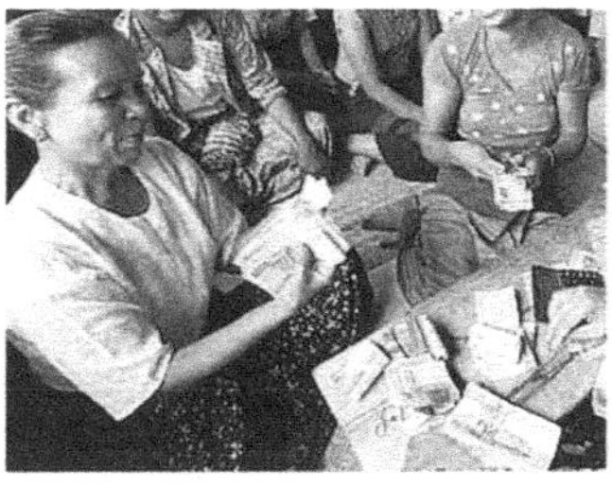

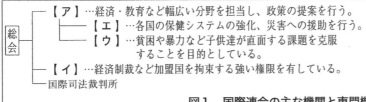

2024年度

惺山高等学校入学者選抜

学力検査問題

理　　科

（13：10　～　13：55）

注　　意

1 「開始」の合図があるまで、開いてはいけません。

2　問題は９ページまであります。

3 「開始」の合図があったら、まず、解答用紙の第一志望学科・コースに丸を付け、受検番号・氏名を書きなさい。

4　答えは、すべて解答用紙に書きなさい。

5 「終了」の合図で、すぐ鉛筆をおき、解答用紙を裏返しにしなさい。

1 モーターは電気エネルギーを運動エネルギーに変換することができる装置である。山形新幹線や電気自動車など移動手段として用いられている他、換気扇、スマートフォンなど、身近なところで使われている。モーターが動くしくみについて、次の各問いに答えなさい。

１．図１は、電流が磁界から受ける力について、左手をモデルとして示したものである。
図１で人差し指は何をあらわしているのか答えなさい。

２．次の文中の①・②に入る語句として適当なものを下のア～エから一つずつ選び、記号で答えなさい。
図２はモーターの原理を示したものである。コイルが図２の状態であるとする。このとき、導線ＡＢには（　①　）向きの力が働く。また、導線ＣＤには（　②　）向きの力が働く。
ア．右　　イ．上　　ウ．左　　エ．下

３．図２のＥ、Ｆの名称として正しいものを次のア～エから一つ選び、記号で答えなさい。

	E	F
ア.	整流子	ブラシ
イ.	ブラシ	整流子
ウ.	電極端子	ブラシ
エ.	ブラシ	電極端子

４．図２におけるＥとＦのはたらきにより、モーターは連続して回転を続けることができる。そのはたらきについて１５字以上、２０字以内で説明しなさい。

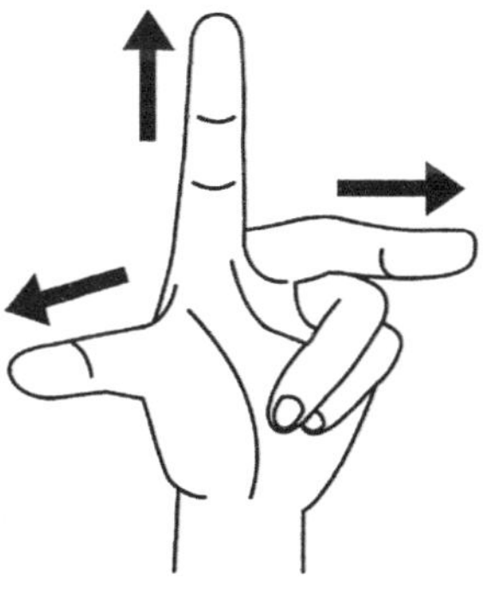

図１

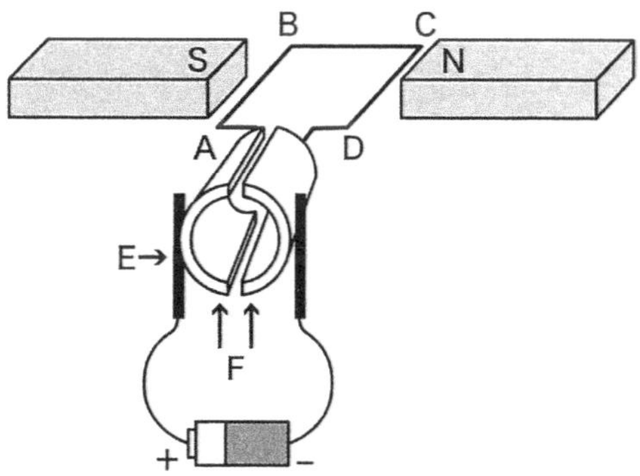

図２

2　物体の運動を調べるために、図１のような装置を組んだ。記録テープを静かに切り離して、おもりを垂直に落下させ、記録テープに記録させた。図２は、打点の位置を 0.10 秒ごとに記録したものである。このとき、次の各問いに答えなさい。ただし、以下の各問いにおいて、おもりに働く空気抵抗は無視できるものとする。

1．次の文中①～④に入る語句の組み合わせとして正しいものを次のア～カから一つ選び、記号で答えなさい。

図２の打点Ａの位置から時間が経過すると、おもりの落下速度は（　①　）くなっていることがわかる。空気抵抗が無視できるため、おもりには（　②　）という力だけがはたらいている。おもりにはたらく力は時間経過とともに（　③　）。この実験のように物体を静かに落下させる運動を（　④　）という。

	①	②	③	④
ア．	はや	垂直抗力	変わらない	等速直線運動
イ．	おそ	重力	変わる	自由落下
ウ．	おそ	垂直抗力	変わらない	等速直線運動
エ．	はや	重力	変わらない	自由落下
オ．	はや	垂直抗力	変わる	等速直線運動
カ．	おそ	重力	変わらない	自由落下

2．図２を利用して、ＤＥ間の平均の速さを求めたい。次の空欄に当てはまる数字を書きなさい。

$$\text{ＤＥ間の平均の速さ} = \frac{(\quad ア \quad) - (\quad イ \quad)}{(\quad ウ \quad)} \ [\text{cm/s}]$$

3．前問２を計算して、ＤＥ間におけるおもりの平均の速さは何m/sになるのか求めなさい。ただし、答えは小数第２位を四捨五入し、小数第１位まで求めなさい。

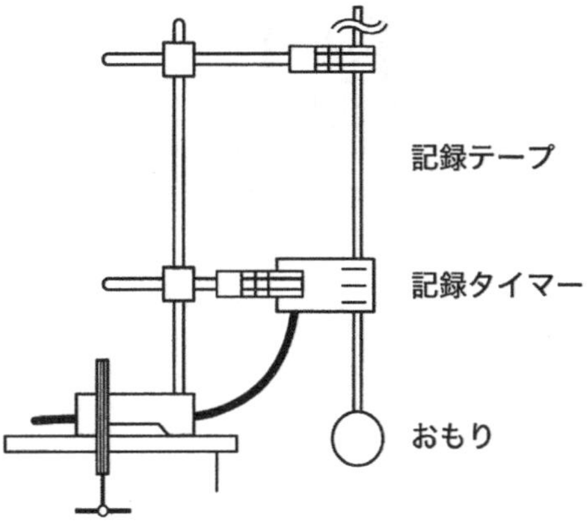

図１

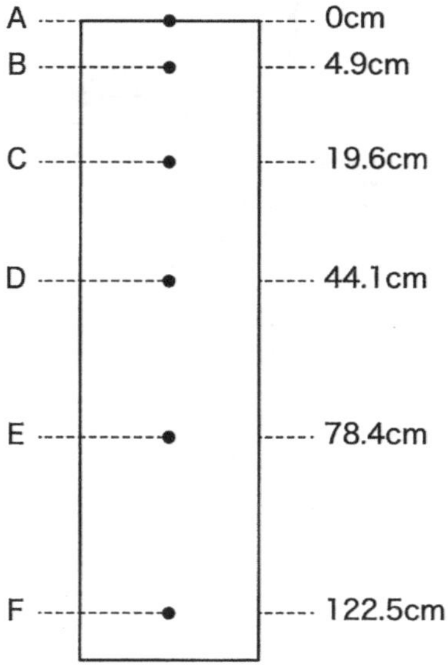

図２

3 化学式の書き方には国際純正・応用化学連合（ＩＵＰＡＣ）が定めた国際的なルールがある。下記に化学式の書き方のルールを示す。これを用いて次の各問いに答えなさい。

（化学式の書き方のルール）

Ⅰ．化学式は元素記号や数字や符号を組み合わせて化学物質を表現しています。
　例　水素　H_2　　水　H_2O

Ⅱ．１文字の元素記号は大文字です。
　例　カリウム　Ｋ

Ⅲ．２文字の元素記号は１文字目が大文字、２文字目が小文字になります。
　例　カルシウム　Ｃａ

Ⅳ．３文字の元素記号はありません。

Ⅴ．化学式で、原子の数は元素記号の右下に書きます。ただし、１は省略します。

Ⅵ．化学式では、金属と非金属からできている物質では、金属は前に、非金属は後に書きます。
　主な金属元素　金Ａｕ　銀Ａｇ　銅Ｃｕ　カルシウムＣａ
　ナトリウムＮａ　アルミニウムＡｌ　カリウムＫ

Ⅶ．化学式で２種類以上の非金属元素からできている物質を表す場合、次の順番になります。
　Ｃ → Ｐ → Ｎ → Ｈ → Ｓ → Ｉ → Ｃｌ → Ｏ

１．次の元素記号の元素の名称を書きなさい。
（１）　Ｃ　　（２）　Ｓ

２．次の化学式の物質の名称を書きなさい。
（１）　CO_2　　（２）　N_2

３．化学式の書き方のルールⅡ～Ⅳにあてはまるものを次のア～クからすべて選び、記号で答えなさい。
ア．ｎＤ　イ．ＣＦ　ウ．Ｒｎｎ　エ．ｅｓ　オ．ｙ
カ．Ｗ　キ．ｔｈ　ク．Ｍｄ

４．化学式の書き方のルールⅤを参照して、次の分子を構成する原子の総数を答えなさい。
C_3H_8

4　塩化銅の電気分解について、以下の実験を行った。次の各問いに答えなさい。

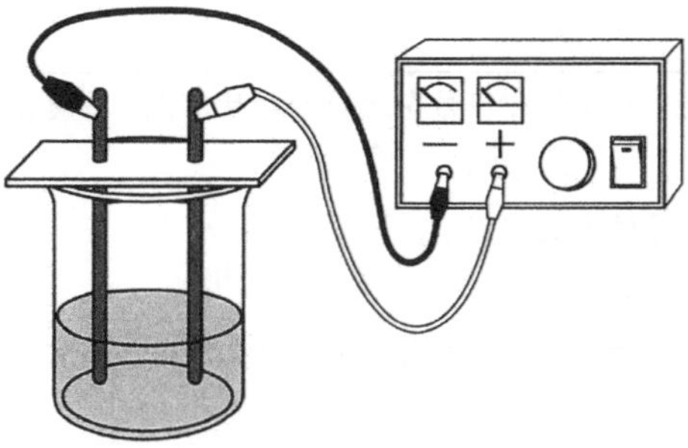

図のような装置を組み立て、うすい塩化銅水溶液に充分な電圧を加えて電流を流したところ、陽極から気体が発生した。

電源を切った後、①陽極付近の液をとって、赤インクで色をつけた水に入れると、赤インクの色が消えた。次に、陰極に付着した赤色の物質を薬さじでこすり、ろ紙にそぎ落とした。この物質を、乳棒で力を入れてこすったところ、②粉から板状に変化し、③光を反射するようになった。

1．下線部①に見られるようなインクの色の変化は、陽極から発生した気体がもつ性質によるものである。この性質を何というか。また、陽極から発生した気体の名称を書きなさい。

2．下線部②、③は、金属において見られる性質である。②、③に該当する金属の性質をそれぞれ書きなさい。

3．塩化銅の、水溶液中での電離のようすを表す式を、化学式を用いて書きなさい。

4．塩化銅のように、水溶液にしたときに電流が流れるようになる物質を、次のア～エからすべて選び、記号で答えなさい。

ア．塩化水素
イ．水酸化ナトリウム
ウ．砂糖
エ．エタノール

5　山形県では、春になるとコゴミやスギナなどの山菜が食卓にあがる。また、春にはサクランボが咲き、6～7月にはサクランボがおいしい季節となる。冬でも千歳山ではアカマツ、蔵王山ではアオモリトドマツなどの常緑樹のマツ科の植物を見ることができる。はるとさんは理科の授業で習ったことを思い出し、山形で見られる植物の特徴について調べ、カードを作成した。あとの文A、B、Cは、同級生のあおいさんがはるとさんのカードを読んで考えたことである。文A、B、C内の②、④にあてはまる語をそれぞれ書きなさい。また①、③、⑤、⑥については、図1の「植物の分類」中にあるア～オから適するものを選び、記号で答えなさい。

サクランボ

1～3 mの木。4月中旬に開花し、6～7月ごろに実がなり、収穫できる。写真のように葉は網状脈をもつ。
オウトウともいう。
自分の花粉で受粉しても、果実ができないことが分かった。

ココミ

別名をクサソテツ。
地上に見えている部分は葉で、冬になると枯れるが地中にある茎や根は越冬し、春に渦巻状の新芽が出てくる。食べるのはこの新芽の部分。
他の（⑤）とは異なり、葉の裏に（④）がない。

アオモリトドマツ

別名をオオシラビソ。
樹氷として有名である。
常緑高木で最大で40 mにもなるが過酷な環境のため、それほど高くならない。虫による食害で枯れる被害が急速に広がり、問題となっている。

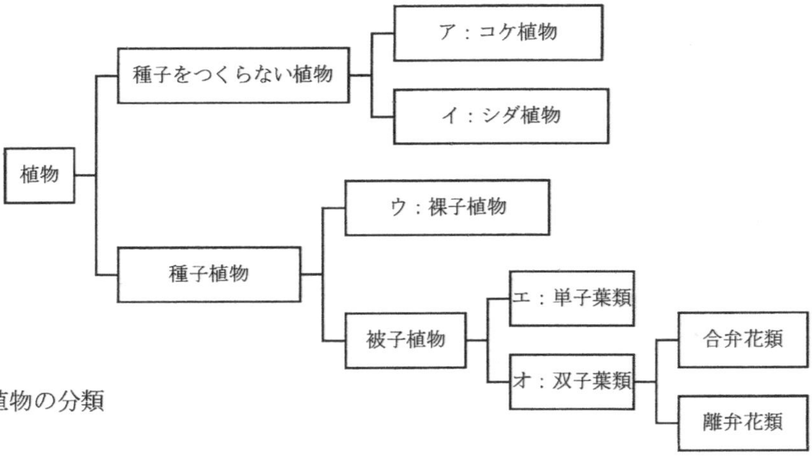

図1　植物の分類

A　サクランボはカードに網状脈をもつとあるから（　①　）に分類されると考えられるよ。そう考えるとサクランボの根は（　②　）をもっているはずだけど、木の根がどのようになっているかは見たことがないなあ。木の根がどのようになっているかもっと調べて太郎さんにも教えてあげよう。

B　アオモリトドマツは常緑樹のマツのなかまで（　③　）に分類されると考えられるよ。今、蔵王連峰の地蔵岳ではアオモリトドマツが枯れてしまい、減少しているため、苗木の移植を進めているみたいだね。

C　コゴミやスギナはイヌワラビと同じ仲間で、種子をつくらず（　④　）で増えるから（　⑤　）だと考えられるよ。（　⑤　）は同じように（　④　）で増える（　⑥　）と異なり、根・茎・葉が区別でき、師管と道管からなる維管束を持つことは授業で学習したね。

6　脊椎動物の特徴の違いをもとに、フナ、カエル、カメ、ハト、コウモリを５つのなかまに分けた。また、下表は、それぞれの生物の特徴をまとめたものである。次の各問いに答えなさい。

脊椎動物の特徴

		フナ	カエル	カメ	ハト	コウモリ
体温	変温動物である	ア	○	○		
	恒温動物である	イ			○	○
呼吸のしかた	えらで呼吸する時期がある	ウ	○			
	肺で呼吸する時期がある	エ	○	○	○	○
なかまのふやし方	卵生である	オ	○	○	○	
	①　である	カ				○

1．脊椎動物とはどのような動物か、答えなさい。

2．表中の空欄　①　に入る適切な語句を、答えなさい。

3．表中のフナの特徴のうち、○がつくものをア～カからすべて選び、記号で答えなさい。

4．動物のなかま分けとして、最も適切なものはどれか。次のア～エから一つ選び、記号で答えなさい。

	フナ	カエル	カメ	ハト
ア.	魚類	両生類	は虫類	鳥類
イ.	両生類	魚類	哺乳類	は虫類
ウ.	は虫類	魚類	鳥類	哺乳類
エ.	魚類	は虫類	両生類	鳥類

5．カエル、カメ、ハト、コウモリの前あしや翼の骨格について調べると、下図のように、見かけの形やはたらきは異なるが、基本的なつくりが同じで、起源は同じものであったと考えられる器官が見られる。これを何というか、答えなさい。

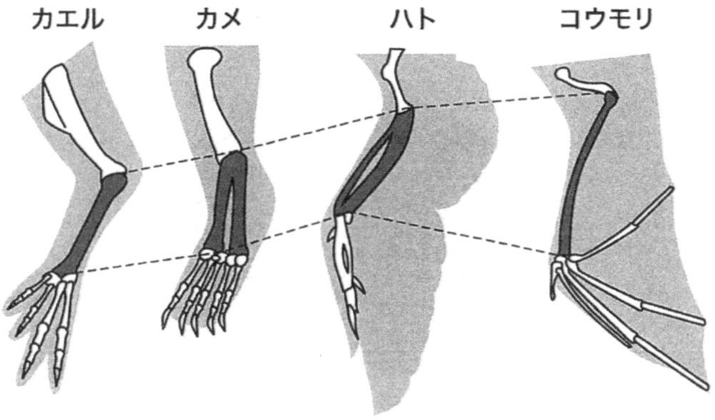

7　火山の特徴について次の各問いに答えなさい。

1．図1でB、C、Dはそれぞれ噴火のときに噴き出したAの一部を示している。火山ガスのうち、量が最も多い物質の名称を答えなさい。

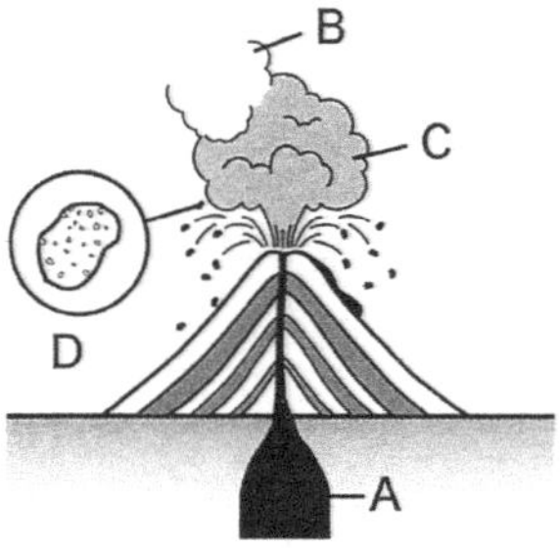

図1

2．図2は、火山の形を大きく3つに分けて模式的に示している。a、b、cをマグマのねばりけの強い順に並べなさい。

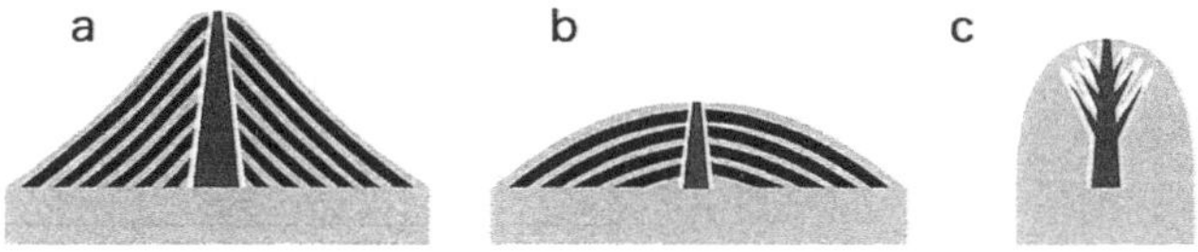

図2

3．図3は、玄武岩と花こう岩をルーペで観察してスケッチしたものである。マグマが冷えて固まるものをまとめて表す名称を答えなさい。

4．マグマが地表付近で急に冷え固まってできる岩石のつくりを表しているのは、図3の①、②のどちらか選び記号で答えなさい。

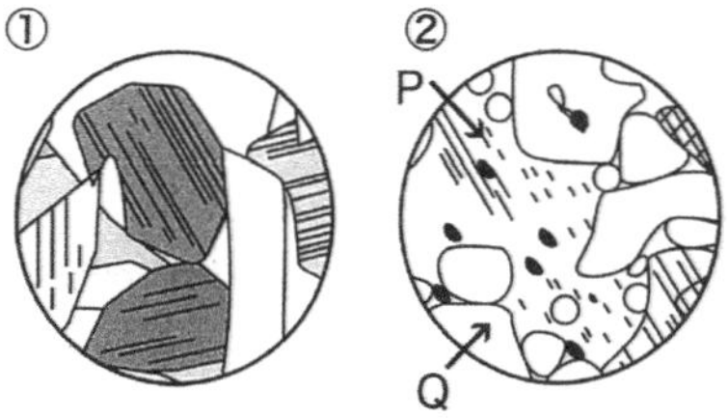

図3

5．マグマが地下深くでゆっくり冷やされてできる岩石の組織は「(　　　) 組織」である。
(　　) にあてはまる語句を答えなさい。

6．図3のQの部分の名称を答えなさい。

8 次の各問いに答えなさい。

1．図１のA～Dは、日本のある場所での、天球上の西、南、東、北の空の位置を示している。
また、①～④はそれぞれ観測者から見たある方向の星の動きを表している。次の問いに答えなさい。

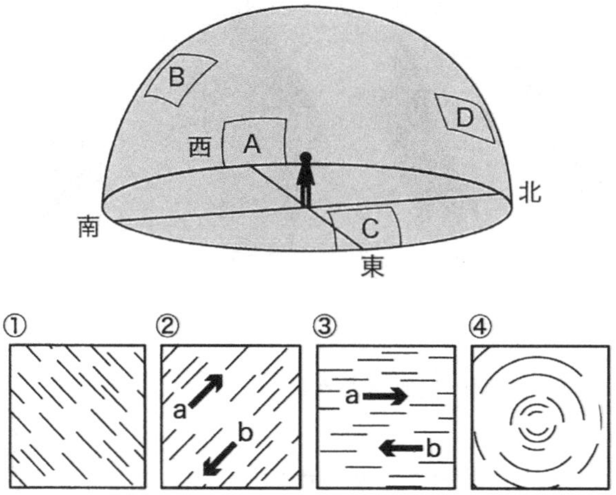

図１

（1）図１中の①～④に入る星の動きの組み合わせとして正しいものを次のア～エから一つ選び、記号で答えなさい。

	A	B	C	D
ア．	②	④	①	③
イ．	②	③	①	④
ウ．	①	④	②	③
エ．	①	③	②	④

（2）②、③の星はそれぞれa、bどちらの向きに動いているか、組み合わせとして正しいものを次のア～エから一つ選び、記号で答えなさい。

	②	③
ア．	a	a
イ．	a	b
ウ．	b	a
エ．	b	b

（3）星の１日の動きを何というか漢字四文字で答えなさい。

2．日時計は、太陽の動きによって変化する影を利用して時刻を知る時計である。次の会話文を読んで、次の問いに答えなさい。

太郎さん　：日時計は、影の方向の変化を利用して時刻を表しているね。
さくらさん：太陽は東からのぼって、南を通って西へ沈んでいくから、朝は（　①　）、昼は（　②　）、夕方は（　③　）の方向に影ができるね。
先生　　　：影の方向だけではなく、同じ時刻にできる影の長さの変化にも注目してみよう。
太郎さん　：影の長さは、太陽の高度によって変わるね。
さくらさん：太陽の南中高度は季節によってちがっていたね。南中したときの影の長さに注目すると、季節の変化もわかるかもしれないね。

（1）文中の①～③に入る語句の組み合わせとして正しいものを次のア～エから一つ選び、記号で答えなさい。

	①	②	③
ア.	東	南	西
イ.	東	北	西
ウ.	西	南	東
エ.	西	北	東

（2）日時計のように、棒を地面に垂直に立て、正午に太陽の光によってできる棒の影を観察したところ、季節によって影の長さが変化した。図２の①～③は、それぞれ春分、夏至、秋分、冬至のいつにあたるか、組み合わせとして正しいものを次のア～エから一つ選び、記号で答えなさい。

	春分	夏至	秋分	冬至
ア.	①	②	③	②
イ.	②	①	②	③
ウ.	②	③	②	①
エ.	③	②	①	②

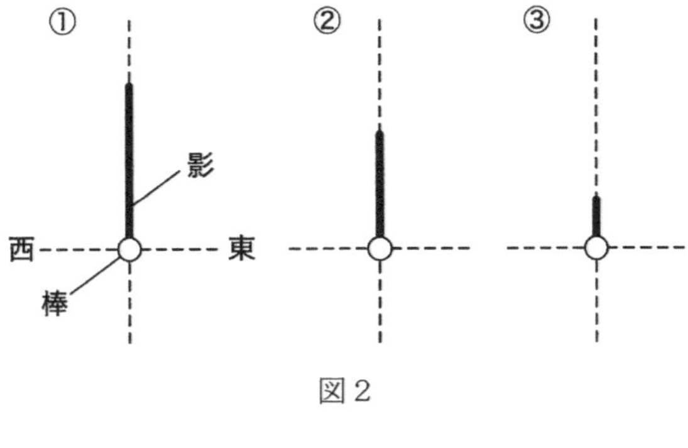

図２

2024年度
惺山高等学校入学者選抜
学力検査問題

英　　語

（14：10　～　14：55）

注　　意

1 「開始」の合図があるまで、開いてはいけません。

2 問題は７ページまであります。

3 「開始」の合図があったら、まず、解答用紙の第一志望学科・コースに丸を付け、受検番号・氏名を書きなさい。

4 答えは、すべて解答用紙に書きなさい。

5 「終了」の合図で、すぐ鉛筆をおき、解答用紙を裏返しにしなさい。

1 これはリスニングテストです。放送の指示に従って答えなさい。 **※音声は収録しておりません**

1

No.1

ア Yes, I can.

イ Yes, I am.

ウ Yes, I do.

No.2

ア You are running.

イ I was in the park.

ウ We were jogging.

No.3

ア It'll start at nine.

イ It performs in the theater.

ウ It'll be $10.

No.4

ア For about 10 minutes.

イ Two large ones.

ウ At the supermarket.

No.5

ア No, this is a new car.

イ No, just go straight.

ウ No, that's not yours.

No.1

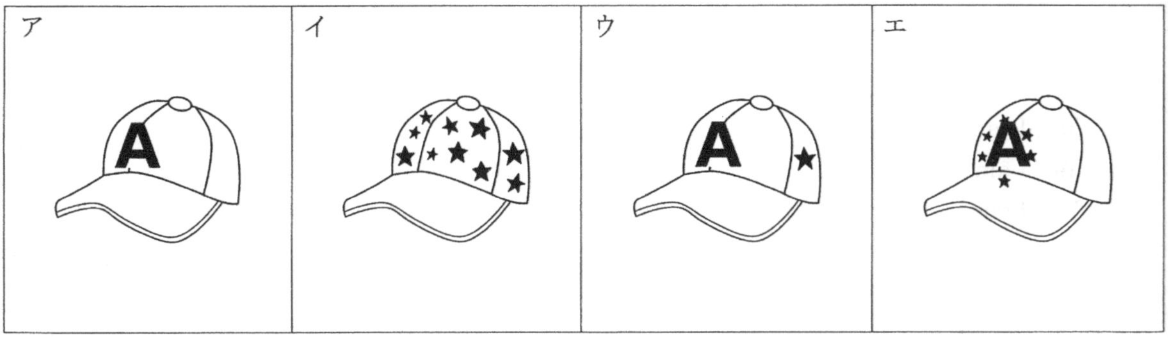

No.2

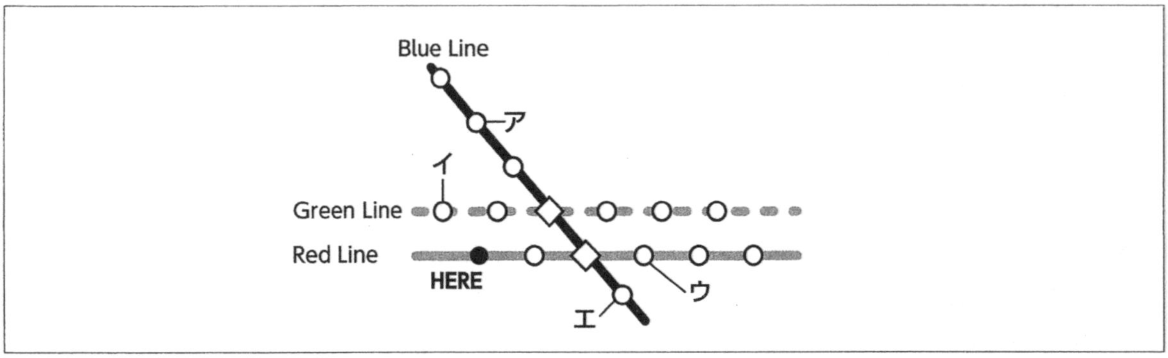

No.3

No.4

No.5

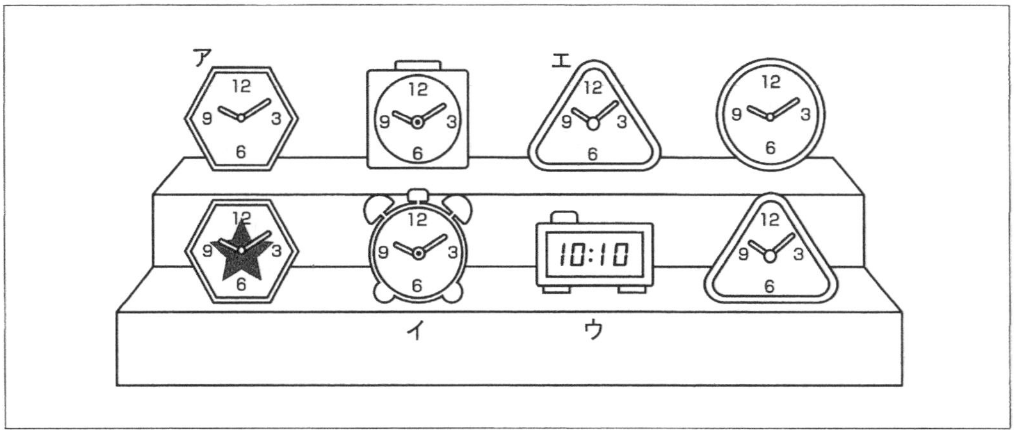

3

探究テーマ：『ビーチが好き？それとも山が好き？』

対象：（　①　）人の高校生

	ビーチが好きな生徒 	山が好きな生徒 
回答者	（　②　）人	（　③　）人
考察	・（　④　）、または社交的な性格が多い。 ・ビーチはよく（　⑤　）いて騒々しい。 ・他の人と一緒にいるのが楽しい。	・物静か、または（　⑥　）な性格が多い。 ・一人で（　⑦　）やキャンプを楽しむ。 ・山は静かで、（　⑧　）できる。

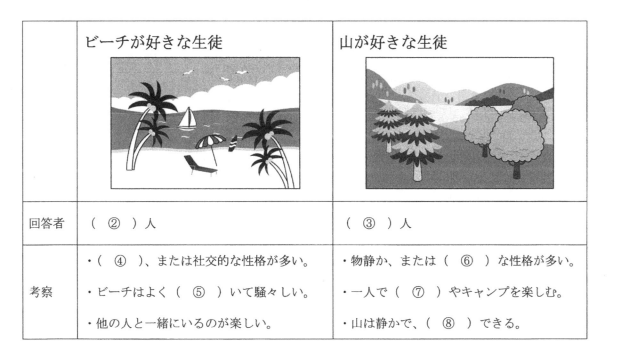

2 Kenは台湾に短期留学をしている高校生です。Lin先生と友人のChang君との会話文を読み、各問いに答えなさい。

Ms. Lin : Good morning, everyone. Today, I'd like to introduce Ken to you.
He is from Japan. This is his first visit to Taiwan, and he'll study at our school for ten days. Before our lesson, he'll introduce himself and give a presentation about Japan and his hometown.

Ken : Hi, everyone. I'm Ken from Yamagata, Japan. I will study here for ten days. Next year, I will come back to Taiwan and study as a university student. I hope to enjoy my school life here. Thank you very much.

Ms. Lin : Do you have any questions for Ken?

Chang : Yes. (1) did you decide to study in Taiwan?

Ken : I have some reasons. Many high school students in Yamagata study in Taiwan after graduation. They learn Chinese and English here. They say it is good for their careers.

Chang : That's great! Did you know we study *programming a lot?

Ken : (2) Really? I want to try. Tell me about it later.

Chang : (3) We can talk about it in our lunch time. Of course, about school life, too.

Ms. Lin : So, let's start your presentation, Ken. Are you ready?

Ken : Yes, Ms. Lin.

〈Graph 1〉

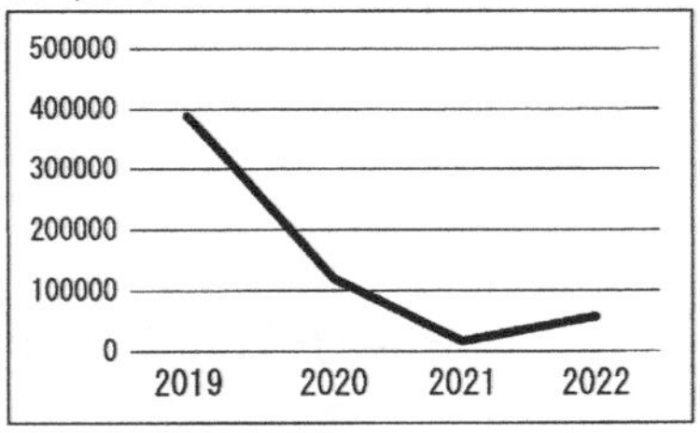

〈Graph 2〉

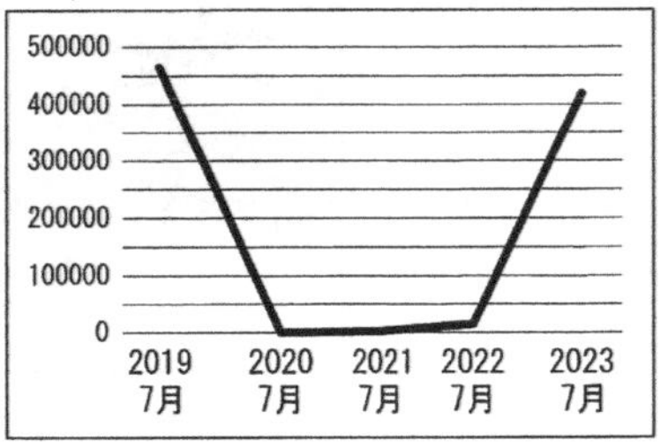

I am Japanese and from Yamagata. Yamagata is in the Tohoku area of Japan. It is a beautiful place with mountains, rivers and the sea. Look at Graph 1. It shows the number of foreign tourists to Yamagata.

In recent years, (4)the number of tourists (あ : visit) Yamagata has (い : be) very small. *The COVID-19 pandemic influenced the number of tourists to Yamagata. In 2020, the number decreased to 125, 930. This was 32.3% of that in 2019. In 2021, the number decreased to 17,083. This was only 13.6% of 2020.

Now, look at Graph 2. We can see the same thing for *Taiwanese visits to Japan from 2020 to 2022. But this year, the pandemic finished. The graph also shows that Taiwanese came back to Japan in this July. Everyone! (5)Now, [it / visit / time / is / to / Japan / a good] and Yamagata. In Yamagata, you can enjoy mountain climbing at Mt. Zao in summer. Zao is also a very famous ski area. Last winter, the Ski Jump World Cup was held there, and Sara Takanashi and other major ski jumpers came and jumped there. You will have a wonderful winter experience, too. You can enjoy Yamagata both in summer (6) winter.

Ms. Lin : Thank you, Ken. If you have any other questions, you can ask him after our lesson.
Let's start our English class.

注

programming プログラミング The COVID-19 pandemic 新型コロナウイルスの感染拡大

Taiwanese 台湾人（の）

これで１の問題を終わり、２の問題に移ります。（間２秒）
これから、No.1 から No.5 までの対話とそれに関する質問が読まれます。質問の答えとして、最も適切なものをアからエの中から１つ選び、記号で答えなさい。会話と質問はそれぞれ２回読まれます。では、始めます。（間２秒）　（問題間３秒）

No.1　A: Oh, I'm late!　Where is my cap?
B: The one with the stars on it?
A: Yes, the one with little stars around a big letter A.
B: I saw it in the living room.

Question: Which cap is he looking for?

No.2　A: Excuse me.　Could you tell me how to get to North Station?
B: Sure.　Change to the Blue Line at the second stop.
Then get off at the third station.
A: Thank you very much.
B: My pleasure.

Question: Where is North Station?

No.3　A: What are you looking at?
B: Well, I'm looking at a picture of my classmates.　He's my friend, Jack.
A: That man?　Is he wearing glasses?
B: No, he isn't.　Jack is blond and so cool.　He's also a good basketball player.

Question: Who is Jack?

No.4　A: Welcome to Pizza Cat.　Are you ready to order?
B: I'd like two slices of pizza and an orange juice.
A: Would you like our special set?　You can also get French fries for the same price.
B: No thanks.　That's all.

Question: What did she order at the shop?

No.5　A: May I help you?

B: Could you show me that clock?

A: Is the clock between the square clock and the round clock?

B: No, it is behind the clock with the star.

Question: Which clock does he want to see?

これで、２の問題を終わり、３の問題に移ります。（間２秒）
これから「ビーチが好きか、山が好きか」についての探究発表を聞いてもらいます。発表を
き、空欄に入る数字や言葉を日本語で書きなさい。英文は２回読まれます。では、始めます
（間２秒）

People like vacations. People have different ideas about their favorite places. F
example, some people like beaches. Others like the mountains. In one study, 100 hi
school students were asked, “Which do you like better, beaches or the mountains?” 64
the students answered, “Beaches.” 36 students answered, “The mountains.” Also, t
students who like beaches are friendly or outgoing. Beaches are usually crowded and noi
so they are better for friendly people. They can enjoy being with others. On the ot
hand, the students who like the mountains are often quiet or shy. Many of them don’t wa
to be with others. These days, some enjoy climbing alone or camping. Also, the mounta
are so quiet that you can relax there. How about you? Which do you like better?

（間５秒）繰り返します。

これでリスニングテストを終わります。次の問題に移ってください。

二〇二四年度

国語解答用紙

惺山高等学校

評点

第一志望学科・コース	特進・普通・商業・デザイン
受検番号	
氏名	

※100点満点

一

問一		問二	問三	問四			問五	問六	
A	B			1	2	3		1	2

問一. 2点×2
問二. 3点
問三. 3点
問四. 3点×3
問五. 2点
問六. 3点×2

二

問一	問二	問三	問四	問五	問六	問七

問一. 2点
問二. 3点
問三. 3点
問四. 4点
問五. 3点×2
問六. 4点
問七. 3点

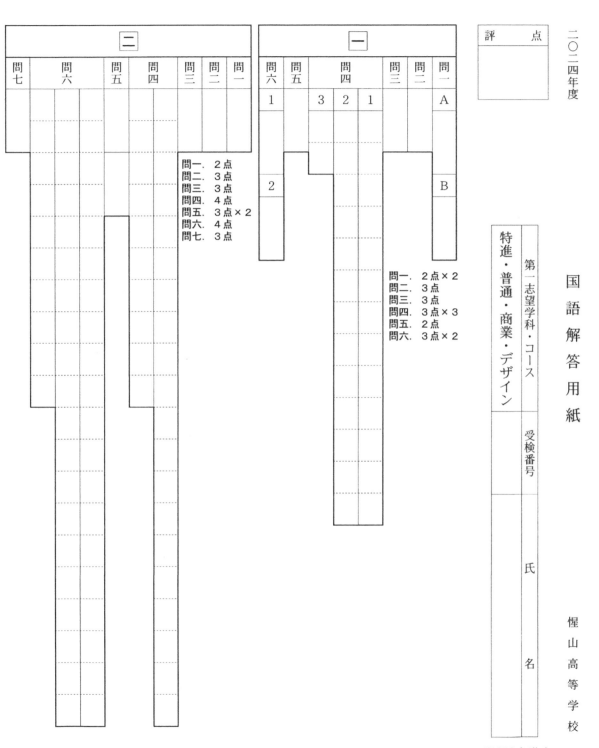

	円

4点×4

4	(1)	cm	(2)	cm	(3)	cm^2	(4)	cm

4点×4

5	(1)	$a =$	(2)	$y =$	(3)		(4)	$x =$

2点×7

6	(a)		(b)		(c)		(d)		(e)	
	(X)	°	(Y)	°						

問5

問6	問7	問8

5

問1	問2	問3	問4	問5

問１～６
２点×６
問７.
記号…１点
理由…２点

問6	問7	

6

問1	問2	問3	問4

問１～３，６～８．２点×６
問４，５．３点×２

問5

問6	問7	問8

１．２点×２　２．２点×２　３．３点　４．３点

3	1	(1)	
		(2)	
	2	(1)	
		(2)	
	3		
	4		

１．２点×２　２．２点×２　３．３点　４．３点

4	1	性質	
		気体の名称	
	2	②	
		③	
	3		
	4		

１．２点　２．２点　３．２点　４．２点　５．２点　６．３点

7	1	
	2	
	3	
	4	
	5	組織
	6	

１．⑴２点　⑵２点　⑶３点　２．２点×２

8	1	(1)	
		(2)	
		(3)	
	2	(1)	
		(2)	

7	Now, [ ] and Yamagata.									
8										
9	ア		イ		ウ		エ		オ	

1．２点×２
2．３点
3．４点
4．２点×２
5．２点×２
6．１点×４
7．３点
8．２点
9．１点×５

3

1	あ		い		う	
2						
3			4			
5						
6	①					
	②					
7						
8						

1．２点×３
2．４点
3．３点
4．２点
5．２点×２
6．２点×２
7．２点×２
8．４点

2024年度　　英語解答用紙　　惺山高等学校

第一志望学科・コース	受検番号	氏　　名
特進・普通・商業・デザイン		

評　点

※100点満点

1

1	No. 1	No. 2	No. 3	No. 4	No. 5			
2	No. 1	No. 2	No. 3	No. 4	No. 5			
3	①	②	③	④				
	⑤	⑥	⑦	⑧				

1．２点×５
2．２点×５
3．２点×８

2

1	①				
	②				
2					
3					
4	(2)		(3)		
5	あ		い		

【解答

	円

4点×4

4	(1)	cm	(2)	cm	(3)	cm^2	(4)	cm

4点×4

5	(1)	$a=$	(2)	$y=$	(3)		(4)	$x=$

2点×7

6										
	(a)		(b)		(c)		(d)		(e)	
	(X)	°	(Y)	°						

問５

問６	問７	問８

5

問１	問２	問３	問４	問５

問１～６
２点×６
問７．
記号…１点
理由…２点

問６	問７	

6

問１	問２	問３	問４

問１～３，６～８．２点×６
問４，５．３点×２

問５

問６	問７	問８

２０２４年度

理科解答用紙

惺山高等学校

第一志望学科・コース	受験番号	氏　　名
特進・普通・商業・デザイン		

評　　点

※100点満点

１．２点　２．２点×２　３．２点　４．３点

1	1		
	2	①	
		②	
	3		
	4		

A．①2点　②3点　B．２点　C．２点×３

5	A	①	
		②	
	B	③	
	C	④	
		⑤	
		⑥	

１．３点　２．２点×３　３．３点

2	1		
	2	(ア)	
		(イ)	
		(ウ)	

１．２点　２．２点　３．３点　４．２点　５．３点

6	1	
	2	
	3	
	4	

【解答

2024年度

社　会　解　答　用　紙

惺　山　高　等　学　校

第一志望・学科コース名	受検番号	氏　　名
特進・普通・商業・デザイン　コース		

評　点

※100点満点

1

問1	問2	問3
	月　日　午前・午後　時	

↑ どちらかに○を付けなさい

問4	問5	問6	問7	問8

2点×8

2

問1	問2	問3	問4	問5	問6

問7	問8

問1～6．
2点×6
問7．3点
問8．
語句…2点
記号…1点

3

問1	問2	問3	問4

問5	問6	問7
	⇒　⇒　⇒	

問1～3．
2点×3
問4．
語句…2点
記号…1点
問5．2点
問6．3点
問7．2点

【解答

２０２４年度　　# 数学解答用紙　　惺山高等学校

第一志望学科・コース	受検番号	氏　名
特進・普通・商業・デザイン		

評　点

※100点満点

４点×４

1

(1)		(2)		(3)		(4)	

４点×７

2

(1)	$x =$	(2)	$x =$	(3)	$\angle x =$ °		
(4)	$n =$	(5)	$a =$	(6)		(7)	

連立方程式…３点×２　一般客と団体客の入場料…２点×２

3

連立方程式	一般客の入場料
	円

【解答

三

問三

問四

Ⅰ	Ⅱ	Ⅲ	Ⅳ

問一．２点×２
問二．３点
問三．３点
問四．２点×４

四

①
②
③
④
⑤
⑥
⑦
⑧
⑨ う
⑩ む

２点×10

五

資料Ｂから選んだものの記号

10点

100字

200字

240字

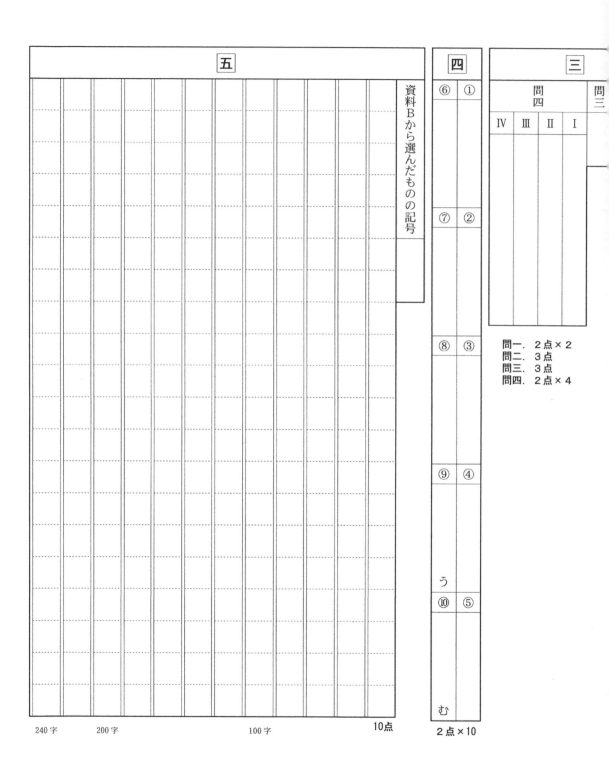

2024年度　惺山高等学校入学者選抜学力試験　　※音声は収録しておりません

英語　リスニングテスト　放送原稿　惺山高等学校英語科

ただ今から、リスニングテストを行います。問題は１から３までの３つです。聞いている間
メモをとってもかまいません。（間２秒）
それでは、１の問題から始めます。これから、No.1からNo.5の会話を聞き、会話の最後の
葉に対する応答として、最も適切なものをアからウの中から１つ選び、記号で答えなさい。
話はそれぞれ２回読まれます。では、始めます。（間２秒）　（問題間３秒）

No.1　A: Hurry up, James!　Your friends are waiting for you.
B: OK, Mom.　I'm ready.
A: Do you have everything you need?

No.2　A: Where were you this afternoon?
B: At the park with Jenny.
A: What were you doing there?

No.3　A: One ticket for the six o'clock show, please.
B: I'm sorry.　That show is sold out.
A: When is the next one?

No.4　A: Dad, do you need some help?
B: Yes.　Can you cut some potatoes for me?
A: Sure.　How many do you need?

No.5　A: Can you find the theater on the map?
B: Yes.　It's around here.
A: Should I turn right at the next corner?

1　次の問いに英語で答えなさい。

① Has Ken ever visited Taiwan?

② How long is Ken going to stay in Taiwan ?

2　(　1　)に入る最も適切な語をア～エの中から選び、記号で答えなさい。

ア　Why　　イ　How　　ウ　What　　エ　Who

3　Ken は台湾に留学するメリットをどう考えていますか。本文から読み取り、日本語で書きなさい。

4　(　2　)(　3　)に入る最も適切な文をア～エの中から選び、記号で答えなさい。
なお、選択肢はそれぞれ一度だけ使うこと。

ア　Yes, I did.　　イ　Sure.　　ウ　No, I didn't.　　エ　You, too.

5　下線部(4)が「山形を訪れる外国人の数はとても少ない」という意味になるように、(あ)(い)の動詞をそれぞれ適切な形に変えなさい。

6　次の文は最近の山形への観光客の動向を述べる文です。本文から読み取り、空欄(a)～(d)に入る数字を答えなさい。

山形への 2020 年の外国人観光客は(　a　)人で、前年の(　b　)%でした。
2021 年は(　c　)人であり、2020 年の(　d　)%ということで、大きく減少しています。

7　下線部(5)が「今は、日本そして山形に行くには良い時です」という意味になるように[　　　]内の語を並べかえなさい。

8　(　6　)に入るのに最も適切な一語を書き入れなさい。

9　次のア～オの文が本文の内容に一致していれば○を、一致していなければ×をつけなさい。

ア　Ken は山形の美味しい食べ物についてプレゼンテーションを行った。

イ　Ken は Chang と放課後に学校生活について話をする約束をした。

ウ　プレゼンテーションではまず山形の美しい海について説明した。

エ　コロナウィルスのまん延と外国からの観光客の数に関連が大きい。

オ　昨年、蔵王で開催されたスキージャンプ大会には有名な選手も参加した。

3　次の英文は、中学生の涼太さんが、日本人のエクベリ聡子(Satoko Ekberg)さんによる「Banana Paper Project」から学んだことについて書いたものです。英文を読んで、あとの問いに答えなさい。

Last year, I found an article about "Banana Paper in *Zambia." You may be surprised and ask, "Can bananas turn into paper?" Yes. The paper is made from banana *stems. This is very *high-quality paper. It is supported by the skills of *Echizen Washi, the traditional Japanese paper-making. A Japanese woman, Satoko Ekberg, developed the Banana Paper to solve some problems in Zambia.

This story started in 2006. Satoko visited Zambia in Africa. She *was impressed with great beautiful nature and wild animals. She also found that the forests were destroyed by cutting trees and some people were hunting animals against the law to live. (1)There were many children who were wearing old clothes without shoes because they were very poor. Satoko thought she had to do something. After she went back to Japan, (2)she researched (　　)(　　) solve the problems. Then, she remembered there were a lot of banana trees around there and she decided to use them. She found "the banana paper" on the internet *by chance. It had a long history around the world. She thought, "This may solve the problems." The decision to solve the problems came from her love for nature. She also wanted to protect wild animals there.

She started a project in 2011. It was called "(3)Banana Paper Project." Satoko and her team members set two main goals: to protect the environment and to solve the *poverty problems in Zambia. Her team mainly took four actions. First, they started using banana stems which *were usually thrown away to make banana paper. Second, they showed the people in Zambia the way of making high-quality paper by the skills of Echizen Washi. It is very famous for its strong and beautiful paper. Third, they built a banana paper factory there and gave new jobs to the people. Fourth, they sold the paper around the world and made money. As a result, these actions largely changed the people's lives. (4)Their lives were getting better and better. Thanks to the project, the people could protect nature and get new jobs. This could help the children go to school with the money. Also, the people didn't have to go hunting for food. They could protect wild animals. Finally, Satoko's team succeeded in the goals of the Banana Paper Project.

(5)Through the Banana Paper Project, I've learned a lot. I was born in Japan and I am too happy. We can easily have clean water, good food, and chances to study at school. I've realized that many people around the world face difficulties such as poverty, war, and environmental problems. I would like to think about "What can I do for them now?" and become someone who can take action like Satoko.

注

Zambia　ザンビア（国）　stem　茎　high-quality　高品質な　Echizen Washi　越前和紙

be impressed with　感動する　by chance　偶然　poverty　貧困　be thrown away　捨てられる

1　次の文は、第一段落の内容説明です。空欄に入る適切な語を書きなさい。

・涼太さんは昨年、バナナから(　あ　)が作られることを知った。

・バナナペーパーは、日本の越前和紙の(　い　)によって支援されており、品質が高い。

・エクベリ聡子さんは、ザンビアの問題を解決するためにバナナペーパーを(　う　)した。

2　下線部(1)を日本語に直しなさい。

3　下線部(2)が「彼女はその問題を解決する方法を調査した」という意味になるように、空所に適切な語を書き入れなさい。

4　下線部(3)について本文の内容として誤った説明を１つ選びなさい。

ア　バナナペーパーは、聡子さんのチームが開発する前から世界中で作られていた。

イ　聡子さんのチームは、バナナペーパープロジェクトの目標を２つ設定した。

ウ　ザンビアの人たちはザンビアの伝統的な方法でバナナペーパーを作った。

エ　聡子さんの自然や野生動物への愛が、ザンビアの問題を解決する決断をさせた。

5　下線部(4)について、バナナペーパープロジェクトの前後では人々の生活は大きく改善しました。その例を日本語で２つ書きなさい。

6　本文の内容に関する次の問いに英語で答えなさい。

①　Did Satoko visit Zambia first in 2011?

②　How many actions did Satoko and her team take in Banana Paper Project?

7　下線部(5)について、涼太さんが学び、感じたこととして正しいものを２つ選び、記号で答えなさい。

ア　ザンビアは、貧困や水不足の問題など、困難な問題に直面している。

イ　聡子さんのように、今自分ができることを考え、行動できる人になりたい。

ウ　越前和紙がザンビア以外でも世界中の多くの問題を解決している。

エ　容易にきれいな水や食事、学業の機会を得ることができて、幸せである。

8　バナナペーパーは、環境に優しい（eco-friendly）製品です。環境のためにあなたが日頃実践していることを英文で２つ書きなさい。

2023年度
惺山高等学校入学者選抜
学力検査問題

国　　語

(9：30　～　10：20)

注　意

1 「開始」の合図があるまで、開いてはいけません。

2 問題は７ページまであります。

3 「開始」の合図があったら、まず、解答用紙の第一志望学科・コースに丸を付け、受検番号・氏名を書きなさい。

4 答えは、すべて解答用紙に書きなさい。

5 「終了」の合図で、すぐ鉛筆をおき、解答用紙を裏返しにしなさい。

2023(R5) 惺山高
K 教英出版

一　次の文章を読んで、後の問いに答えなさい。

（楓《かえで》は高校から弓道会に入会したばかりの素人である。次の場面は、先輩である高校三年生の乙《おと》矢《や》が、先日行われた参《さん》段《だん》昇段試験に自分が落ちてしまった理由がわからず、弓道会の創始者の一人で弓道の達人でもある国枝《くにえだ》さんに意見を求めるところである。）

射場の隅に三人で立つ。乙矢の背中が目の前にある。背筋がぴんと伸びて、きれいな立ち姿だ。お辞儀をして入場をする。乙矢は楓より背が高いので、その分歩幅も広い。楓はいつもより少し速いテンポで歩く。楓はまだ袴《はかま》の扱いに慣れていないので、座ったり立ったりするタイミングが少し遅れ気味だ。そして、※1跪座《きざ》の姿勢を取ると、後ろから立っている乙矢を見る。乙矢の身体には力がみなぎっている。その目は楓の位置からは見えないが、きっと視線は怖いほど鋭く、的をにらんでいるのだろう。いつもそうであるように。

乙矢の射は力強く、一直線で的に中《あた》った。続く楓の射は三時の方向に矢が逸《そ》れた。国枝は力みなく真ん中に中《あ》てる。二射目も同様に、乙矢と国枝は的に中て、楓だけ大きく外した。

退場して矢取りをして戻って来ると、乙矢が［A］国枝に尋ねた。

「どうでしたか？」

はやる乙矢を、まあまあ、というように国枝は制した。

「私より先に、このお嬢さんに感想を聞いてみましょう。この前、ふたりでやった時と比べて、どうでしたか？」

「あの時はふたりだったし、立ち順も違うので、単純な比較は難しいんですけど」

いきなり話を振られて、楓は少し①口ごもった。何と言えば、乙矢のことをうまく表現できるだろう。

「今回は、二番目だったので、※2大前《おおまえ》に合わせなきゃ、ということを考えて、ちょっと焦りました。歩幅が違うので、早く歩かなきゃいけないし。前は自分が大前だったので、自分のペースでできたんですが」

乙矢の顔がさっと曇った。何か自分はまずいことを言っただろうか、と楓は思う。

「乙矢くんの射についてはどう思いましたか？」

「カッコよかったです。的を絶対外さない、という気迫を感じました」

楓は乙矢をフォローしたつもりだったが、乙矢の顔はさらに歪《ゆが》んだ。逆効果だったようだ。

「わかりましたね。このお嬢さんが、あなたの②射の欠点をみごとに見抜いている」

「はい」

乙矢が力なくうなだれる。③楓には、訳がわからない。

「あなたは何をそんなに焦っているのですか？　それが射に表れている」

「焦っている……？」

「審査当日の射を見てないので、これはあくまで私の考えですが」

問一　空欄［A］・［B］に入る言葉として最も適切なものを、次のア～オからそれぞれ一つ選び記号で答えなさい。

A
ア　おそるおそる
イ　怒りのあまりに
ウ　元気いっぱいに
エ　待ち構えたように
オ　人目を気にしながら

B
ア　どろどろ
イ　ぞくぞく
ウ　もやもや
エ　いらいら
オ　むずむず

問二　＝＝＝部aの意味として最も適切なものを、次のア～オから一つ選び記号で答えなさい。

ア　意識を高める
イ　理解を深める
ウ　思考を巡らせる
エ　指摘を打ち消す
オ　発言を我慢する

問三　―――部①について、なぜ「口ごもった」のですか。最も適切なものを、次のア～オから一つ選び記号で答えなさい。

ア　わかりやすい表現を心がけたから。
イ　驚きのあまり声が出なかったから。
ウ　言いづらいことを隠そうとしたから。
エ　乙矢をカッコよく表現したかったから。
オ　適切な言葉が思い浮かばなかったから。

問四　―――部②について、乙矢の「射の欠点」とはどのようなことだったと考えられますか。本文中の言葉を用い、「～こと。」という形に続くように、二十五字以内で二つ答えなさい。

国枝は優しい目で乙矢を見ながら、一語一語言葉を選ぶようにゆっくり語った。

「あなたの射型はきれいだし、的中もする。参段なら合格にしてもよかったかもしれない。だけど、若い方には正しい射を身に付けてほしい、という思いが我々先人にはあるんです。だから、あえて厳しくみる、そういうことだったのかもしれません」

国枝のa言葉を噛《か》みしめるように、乙矢は視線を下に向けている。

「問われているのは技術ではなく、弓に向かう姿勢ではないでしょうか」

「弓に向かう姿勢……」

乙矢は④深い溜め息を吐いた。

「ありがとうございます。もっと精進いたします」

精進なんて古い言葉、よく使えるなあ、と楓は感心して聞いている。

乙矢は弓と矢をしまい、「ありがとうございます」と弓道着のままで出て行った。その顔は暗く、［B］したものを胸に抱えているようだった。乙矢の姿が見えなくなると、楓は国枝に聞いた。

「私、何か乙矢くんについて、まずいことを言ったのでしょうか？　乙矢くんの射、とてもいいと思っているんですけど」

それを聞いて、国枝は微笑んだ。

「いえ、正直に話してくれて、乙矢くんも感謝してると思いますよ」

「だけど……」

自分の言葉を聞いて、乙矢はショックを受けたようだ。乙矢を貶《おとし》めるようなことを口にしてしまったのではないだろうか、と楓は気にしている。

楓の想いを察したのか、国枝は優しい目をしたまま説明した。

「そろって弓を引く場合には大前のタイミングにみんなが合わせるものですが、一方で大前こそ続く人たちのことを把握しておかなければならない。双方がお互いのことを意識しあって、初めて三人が一体となるんです。あなたが焦った、ということは、大前があなたの歩く速度を考慮していなかった、あなたのことが見えてなかった、ということなんです」

確かに、国枝とやった時のような安心感、一緒に弓を引いている、という充実した気持ちはなかった。乙矢に遅れまい、とするだけで精一杯だった。

「それに、射をする時には『中ててやろう』という意識を剝《む》き出しにしてはいけません。そういう姿勢は醜いとされているんです」

「なぜですか？　弓を引く時は誰だって中てよう、と思うんじゃないですか？」

楓の言葉に、国枝は再び微笑《ほほえ》んだ。

「教本通りの答えで言うなら、的に囚《とらわ》れているのは美しくない、ということになります」

（『凛として弓を引く』　碧野　圭）

※1跪座　…　つま先を立てた状態での正座

※2大前　…　団体で競技する際一番最初に矢を放つ人のこと

問五　――部③について、楓が「訳がわからな」くなってしまった理由を次のような文章で説明したとき、空欄に入る適切な言葉を考え、それぞれ答えなさい。

> 乙矢を［1］と発言したつもりだったのに、結果として乙矢は［2］しまったから。

問六　――部④について、乙矢が「深い溜め息を吐いた」理由として最も適切なものを、次のア～オから一つ選び記号で答えなさい。

ア　自身でも何となく感じていた欠点を国枝に見抜かれてしまったことで、とても悔しく感じたから。

イ　国枝の指摘により自身の欠点が明らかになったことで、まだまだ努力の必要があると感じたから。

ウ　自分は上達したと思っていても結局何かしらの欠点を指摘されてしまうことに、強い不満を覚えたから。

エ　素人の楓が自分の射に対して指摘をしたことに怒りを覚えたが、先輩として平静を装おうとしたから。

オ　国枝に言われた言葉は今まで何回も指摘を受けた内容と同じだったため、自身の欠点を確信できたから。

【二】 次の文章を読んで、後の問いに答えなさい。

見えない人にとって月とはボールのような球体です。では、見える人はどうでしょう。「まんまる」で「盆のような」月、【Ⅰ】厚みのない円形をイメージするのではないでしょうか。

三次元を二次元化することは、視覚の大きな特徴のひとつです。「奥行きのあるもの」を「平面イメージ」に変換してしまう。【Ⅱ】、富士山や月のようにあまりに遠くにあるものや、あまりに巨大なものを見るときには、どうしても立体感が失われてしまいます。もちろん、富士山や月が実際に薄っぺらいわけではないことを私たちは知っています。【Ⅲ】視覚がとらえる二次元的なイメージが勝ってしまう。このように視覚にはそもそも対象を平面化する傾向があるのですが、①重要なのは、こうした平面性が、絵画やイラストが提供する文化的なイメージによってさらに補強されていくことです。（中略）

〔富士山でいうと〕風呂屋の絵に始まって、種々のカレンダーや絵本で、デフォルメされた「八の字」を目にしてきました。【Ⅳ】何より富士山も満月も縁起物です。その福々しい印象とあいまって、「まんまる」や「八の字」のイメージはますます強化されています。

見えない人、とくに②先天的に見えない人は、目の前にある物を視覚でとらえないだけでなく、私たちの文化を構成する視覚イメージをもとらえることがありません。見える人が物を見るときにおのずとそれを通してとらえてしまう、③文化的なフィルターから自由なのです。（中略）

同じ空間でも、視点によって見え方が全く異なります。同じ部屋でも上座から見たのと下座から見たのでは見えるものが正反対ですし、はたまたノミの視点で床から見たり、ハエの視点で天井から見下ろしたのでは全く違う風景が広がっているはずです。けれども、私たちが体を持っているかぎり、一度に複数の視点を持つことはできません。

このことを考えれば、目が見えるものしか見ていないことを、つまり空間をそれが実際にそうであるとおりに三次元的にはとらえ得ないことは明らかです。それはあくまで「私の視点から見た空間」でしかありません。

ひとつ例をあげましょう。広瀬浩二郎さんがよくあげる例です。（中略）

「※1太陽の塔に顔がいくつあるか知っていますか」。そうすると、見える人の多くが同じ答えを返すと言います。曰《いわ》く「二つ」であると。なるほど、確かにてっ

問一　空欄【Ⅰ】～【Ⅳ】に入る言葉を次から一つずつ選び、記号で答えなさい。なお、同じ言葉を二回使うことはできない。

ア　とくに　　イ　つまり　　ウ　そして　　エ　けれども

問二　――部①「重要なのは」に含まれる「の」と、同じ用法の「の」を含む文を、次から一つ選び記号で答えなさい。

ア　あの橋を渡って対岸に行こう。
イ　特技のある人がうらやましい。
ウ　家を出るのが遅くなった。
エ　昨日の試合は盛り上がった。

問三　――部②「先天的」の意味として最も適切なものを次から一つ選び記号で答えなさい。

ア　病状が重い
イ　生まれつきの
ウ　初めて発見された症例
エ　この先も治る見込みがない

問四　――部③「文化的なフィルター」の具体例として、あてはまらないものを次から一つ選び、記号で答えなさい。

ア　打ち上げ花火は、球体状である。
イ　夜空の星を「☆」の形で描く。
ウ　満月の模様がウサギに見える。
エ　北極は地球の上のほうにある。
オ　十円玉の絵を描くとき、いつも円形を描く。

ぺんに「金色の小さな顔」と胴体の中央に「大きな顔」が見えます。

でも実際には、太陽の塔には三つの顔があります。先の二つに加えて、背中側にも「黒い太陽」と呼ばれるちょっと不気味な顔がある。さきほどの月や富士山の例と似ていますが、見える人にとっては万博公園入り口方向から見たあの姿こそ、太陽の塔の姿とされている。その視点に縛られてしまうので、裏側の顔のことは気づかないのです。

「アウト・オブ・サイト、アウト・オブ・マインド」なんていう言い方がありますが、視界に入らないことは、軽んじられ、忘れられることを意味します。しかも、見える人にとっては顔は正面にあるものと相場が決まっています。まさか背中側にも顔があるとは思いません。

模型で太陽の塔を理解している視覚障害者の場合、④こうした誤認は起きにくいと広瀬さんは言います。模型の場合は、すべての面をまんべんなく触ることができます。だから特定の視点に縛られることがない。腕が生えているあたりの太さや、首の傾き具合を含めて、まさに太陽の塔そのままに、立体的にとらえているわけです。

要するに、見えない人には「死角」がないのです。これに対して見える人は、見ようとする限り、必ず見えない場所が生まれてしまう。そして見えない死角になっている場所については「たぶんこうなっているんだろう」という想像によって補足するしかない。

しかし、見えない人というのは、そもそも見ないわけですから、「［ V ］」という逆説から自由なのです。視覚がないから死角がない。※2大岡「山」の例でも感じた、自分の立ち位置にとらわれない、俯瞰的で抽象的なとらえ方です。見えない人は、物事のあり方を、「自分にとってどう見えるか」ではなく「諸部分の関係が客観的にどうなっているか」によって把握しようとする。この客観性こそ、⑤見えない人特有の三次元的な理解を可能にしているものでしょう。

（『目の見えない人は世界をどう見ているのか』　伊藤亜紗　光文社新書）

※1太陽の塔　…　1970年に開催された大阪万博のシンボルとなった塔。岡本太郎設計。

※2大岡「山」の例　…　課題文の前に書かれている内容で、東京都大田区の大岡山駅付近の道路を、見えない人と見える人とでは、異なるとらえ方をしていたということを指す。

問五　――部④「こうした誤認」とあるが、どういった誤認なのか、本文の内容を適切にまとめて、二十五字以内で説明しなさい。

問六　空欄［ V ］に当てはまる語句として最も適切なものを次から一つ記号で答えなさい。

ア　見えないものを想像によって補足する
イ　見えないすべての面をまんべんなく触る
ウ　見えないものは軽んじられ、忘れられる
エ　視点によって見え方が全く異なる
オ　見ようとすると見えない場所が生まれる

問七　――部⑤について、次のように説明した。空欄に当てはまる語句を本文中からそれぞれ指定の字数で抜き出して書きなさい。

> 物事のあり方を把握するときに、見える人は［A：13字］ができないため、［B：8字］傾向があるのに対し、見えない人は［C：15字］ため、対象を［D：10字］ということ。

三　次の文章を読んで、後の問いに答えなさい。

（唐の朱買臣《しゅばいしん》は学問に熱心だが非常に貧しかったため、その暮らしに耐え難かった妻はずっと「私たちはいったん別れて、暮らしを立て直しましょう。」と話していた。しかし、買臣は「もう一年我慢してくれ。」と言い続けていた。）

よろづこしらへけれど（いろいろとなだめたが）、つひに聞かで（聞かないで）その年のうちに離れにけり。〔翌年、〕この人の才学、世にすぐれたる事を帝《みかど》聞かせ給ひて（お聞きになって）、その国の守（地方の長官）になされぬ。ａなほたづね求めさすれど、似たる人なくて明かし暮らす。〔あるとき、狩りに出かけると〕「ゆゆしげなる者の姿かな（ひどく粗末な）」と見るほどに、わが昔のともに見なしてけり。なほ僻目《ひがめ》（見間違い）にやと、目をとめて見けるに、ｂいかにも違ふところなかりければ、人知れず悲しく覚えて（思って）、呼びとりてけり。女「我あやまつこともなきに、いかなることに当たり何するにか（どんな罪に当たり処罰されるのか）」とｃ恐れまどひけれど、昔のことなどをｄ細やかに語らひければ、女あさましく覚えて、この夫をうち見るより、いかが思ひけん（どう思ったのだろうか）、いたく悩み患ひて、暁方に絶え入りにけり（明け方に死んでしまった）。

（原文の表記は適切に改めた）（『唐物語』）

【あさま・し】
①意外である。思いがけない。
②あきれて、興ざめである。がっかりだ。
③情けない。嘆かわしい。
④もってのほかだ。とんでもない。ひどい。
⑤貧乏である。みずぼらしい。みじめだ。
（北原保雄編『小学館全文全訳古語辞典』）

ゆうき　この「あさまし」は、女が、粗末な服装をしている自身を〔A〕と感じたという意味で、買臣と比べて自分を恥じて、深く悩んだのだと思う。

みずき　この「あさまし」は、出世したことに対して女が〔B〕と感じ、自分が［　Ⅰ　］ことを後悔して、深く悩んだのだと思う。

ひかる　この「あさまし」は③または④の意味で、女は、以前買臣が［　Ⅱ　］ことを今でも恨んでおり、出世した今になって自分と話そうとするのは信じられないと考え、悩みを深めたのだと思う。

問一　――部a・cを現代かなづかいに直し、すべてひらがなで書きなさい。

問二　――部bの意味として最も適切なものを次から一つ選び記号で答えなさい。

ア　なるほど　　　イ　どうしても

ウ　どのようにでも　　　エ　なんとしても

問三　――部dの動作の主語を、次から一つ選び記号で答えなさい。

ア　朱買臣　　イ　女　　ウ　帝　　エ　ゆゆしげなる者

問四　三人の生徒がこの文章を学習し、＝＝部「あさまし（く）」の意味を辞書で確認したうえで、それぞれ異なった感想をレポートにまとめた。

〔A〕・〔B〕に当てはまる辞書の解説項目を、①～⑤から一つずつ選び記号でなさい。

また、空欄［Ⅰ］・［Ⅱ］に入る適切な言葉を一〇字以上十五字以内で考えて書きなさい。

問五　このエピソードは『十訓抄』という書物でも紹介されており、そこではこの女について、「しんぼう強く待つことが大切である」と評している。この考えは三人の生徒のうち、誰の感想に最も近いか。三人のうち、ひとりの名前を書きなさい。

［四］　――部について、漢字はその読み方をひらがなで、カタカナは漢字に直して答えなさい。

①先例を列挙する。

②損害の代償を求める

③感情を抑圧する。

④枝葉末節にこだわる。

⑤利益を還元する。

⑥問題を解決するカテイ。

⑦洋服を買いアサる。

⑧会議がノびる。

⑨欠点をコクフクする。

⑩ソボクな人柄に接する。

五

資料Aは、「和風の料理が好き」と答えた首都圏・阪神圏に暮らす二十～六十九歳の人の割合を表したグラフ、資料Bは、海外の「日本食レストラン店舗数の推移」を表したグラフです。

これらの資料を使ってまとまりのある二段落構成の文章を書きなさい。ただし、第一段落には資料を見て気づいたことを書き、第二段落には第一段落で書いたことをふまえて、あなたの考えを書くこと。

《注意》◇題名は書かないこと。
◇二〇〇字以上、二四〇字以内で書くこと。
◇文字は、正しく整えて書くこと。

資料A

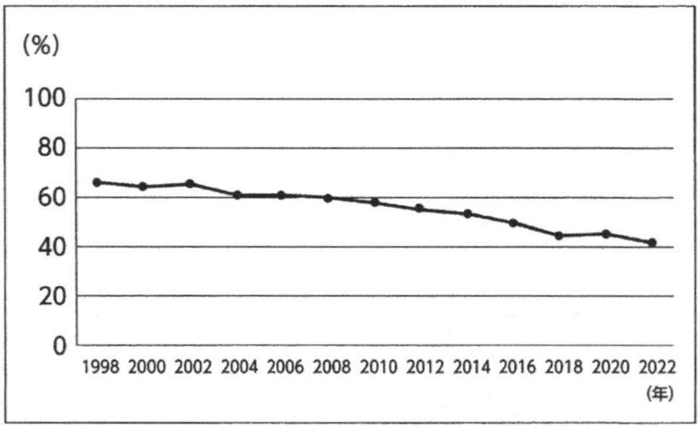

出典：博報堂生活総合研究所「生活定点」調査（2022）

資料B

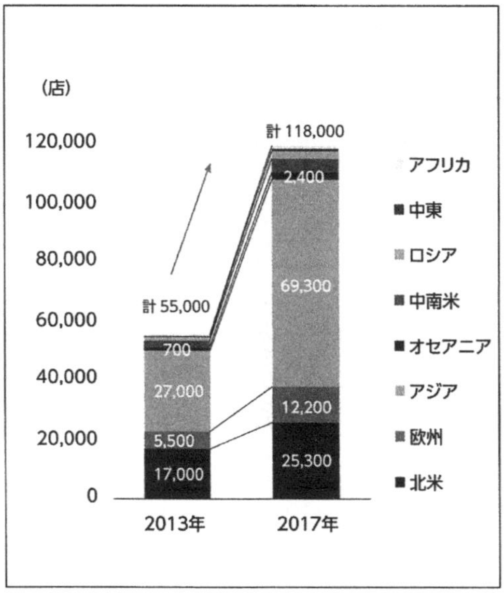

出典：https://media.rakuten-sec.net/articles/print/16423
（外務省・農林水産省のデータに基づく）（2018）

2023年度

惺山高等学校入学者選抜

学力検査問題

数　　　学

（10：35　～　11：20）

注　　意

1 「開始」の合図があるまで、開いてはいけません。

2 問題は6ページまであります。

3 「開始」の合図があったら、まず、解答用紙の第一志望学科・コースに丸を付け、受検番号・氏名を書きなさい。

4 答えは、すべて解答用紙に書きなさい。

5 「終了」の合図で、すぐ鉛筆をおき、解答用紙を裏返しにしなさい。

1 次の計算をしなさい。

（１）$(-2)+2\times(-3)$

（２）$\frac{3}{2}+\frac{5}{3}-\frac{1}{6}$

（３）$\sqrt{50}-\sqrt{18}$

（４）$(x+2)(x-2)-x(x-3)$

2 次の各問いに答えなさい。

（１） ２次方程式 $x^2-x-12=0$ を解きなさい。

（２）グラフが点 (2，4) を通る関数を次の①～④の中からすべて選び，記号で答えなさい。

① $y=2x+4$

② $y=3x-2$

③ $y=\frac{8}{x}$

④ $y=2x^2$

（3）$4\sqrt{3}$ をこえない最も大きい整数を求めなさい。

（4）右の図において，3点A，B，Cは円Oの円周上の点である。$\angle x$，$\angle y$ の大きさをそれぞれ求めなさい。

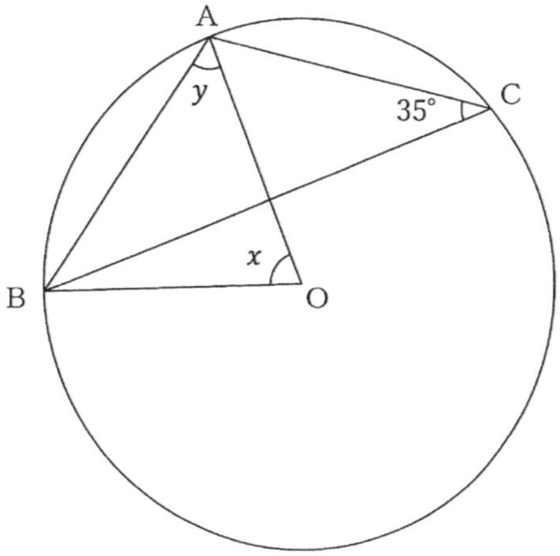

（5）大小2つのさいころを投げて，大きいさいころの出た目の数を x，小さいさいころの出た目の数を y とする。このとき，$\dfrac{y}{x}$ が整数となる確率を求めなさい。

（6）あるクラス 20 人の生徒に数学の小テストを実施したところ，得点と人数は下の表のようになった。小テストは問題が３問あり，配点は問題１が１点，問題２が２点，問題３が３点である。問題３を正解した生徒が 13 人のとき，問題３のみ正解した生徒の人数を求めなさい。

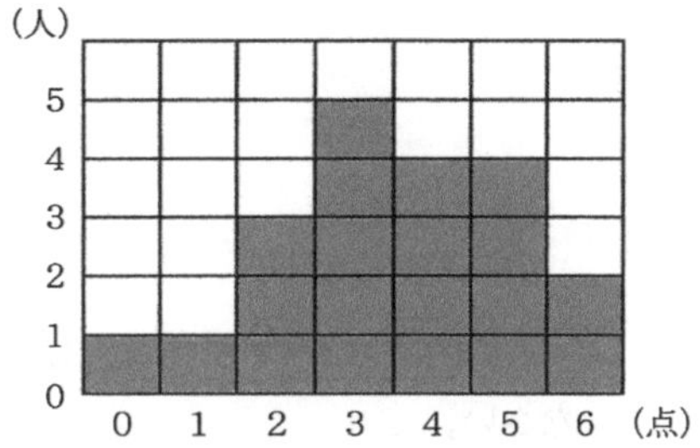

3　あるクラスで数学のテストを実施したところ，Aさんの得点は 72 点であった。BさんとCさんの得点について確認したところ，Bさんの得点からCさんの得点を引いた数の５倍が，Cさんの得点を３倍した数とAさんの得点をたした数に等しいことがわかった。また，Aさん，Bさん，Cさんの得点の平均は 73 点であった。このとき，次の問いに答えなさい。

（1）Bさんの得点を x 点，Cさんの得点を y 点として連立方程式を作りなさい。

（2）Bさんの得点とCさんの得点をそれぞれ求めなさい。

4　図１のように，直線 ℓ と△ＡＢＣがあり，直線 ℓ は２点Ｂ, Ｃを通る。△ＡＢＣは ＡＢ＝10，ＡＣ＝６，∠ＡＣＢ＝90° である。次の各問いに答えなさい。

図１

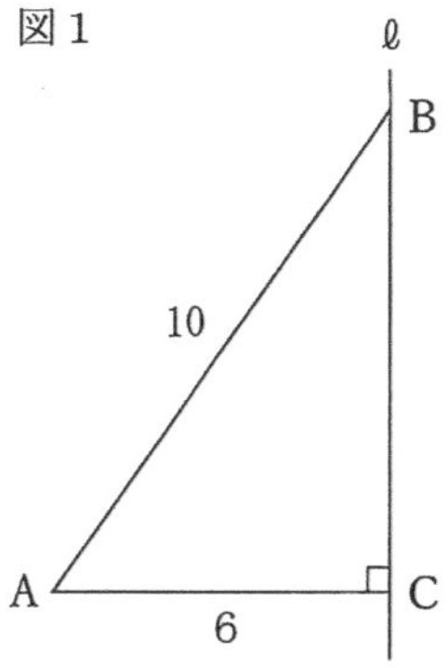

（1）ＢＣの長さを求めなさい。

（2）△ＡＢＣを，直線 ℓ を軸として回転させてできる立体の体積を求めなさい。

図２

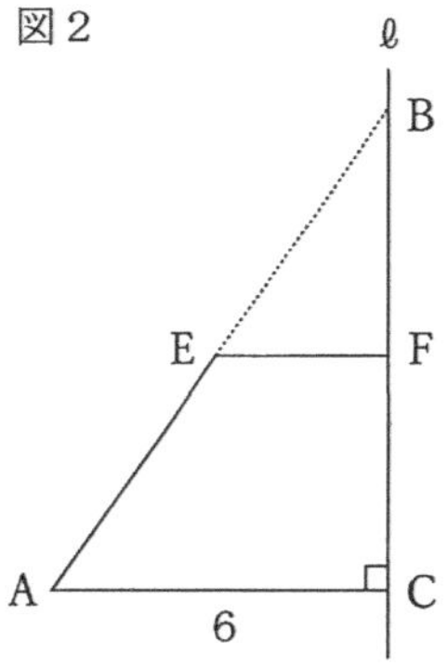

（3）図１の△ＡＢＣの辺ＡＢ，辺ＢＣの中点をそれぞれＥ ，Ｆとする。図２の四角形ＡＣＦＥは，図１の△ＡＢＣを線分ＥＦで切り取ってできる図形である。この四角形ＡＣＦＥを，直線 ℓ を軸として回転させてできる立体の体積を求めなさい。

図３

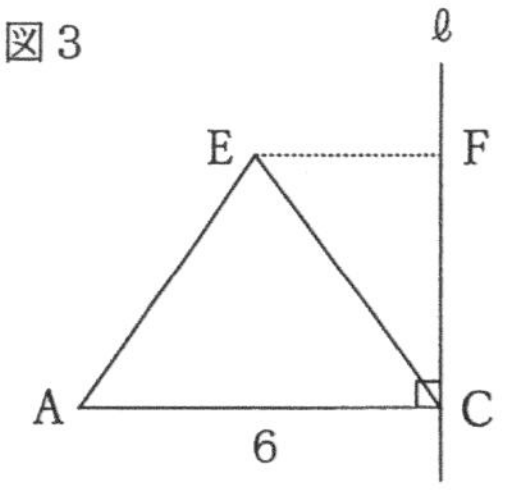

（4）図３の△ＡＣＥは，図２の四角形ＡＣＦＥを線分ＣＥで切り取ってできる図形である。この△ＡＣＥを，直線 ℓ を軸として回転させてできる立体の表面積を求めなさい。

5 右の図のように，一辺の長さが 16 の正方形ＡＢＣＤがある。点ＰはＡを出発し，正方形ＡＢＣＤの辺上をＢ，Ｃを通ってＤまで動く。点ＰがＡを出発してからx秒後の△ＡＰＤの面積をyとする。点Ｐが辺ＡＢ上を動くとき，x 秒後のＡＰの長さはx^2である。辺ＢＣ，ＣＤ上に点Ｐがあるとき，点Ｐは毎秒１の速さで動く。次の各問いに答えなさい。

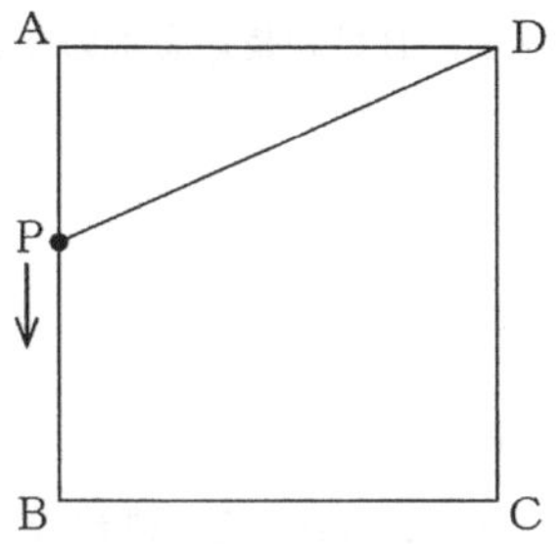

（1）点ＰがＡを出発してから２秒後の△ＡＰＤの面積yを求めなさい。

（2）点Ｐが辺ＡＢ上を動くとき，yをxの式で表しなさい。

（3）点Ｐが辺ＣＤ上を動くとき，yをxの式で表しなさい。

（4）下のグラフは，点ＰがＡを出発してからＤに到着するまでのxとyの関係を表したものである。
ア から カ に当てはまる値を求めなさい。

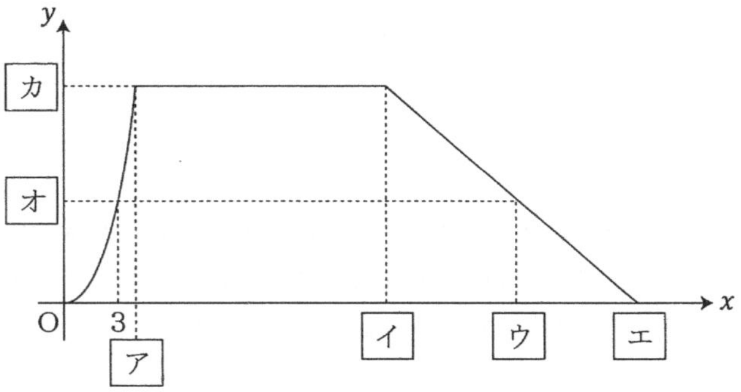

6　右の図のような正三角形ＡＢＣがある。辺ＡＣ上に点Ｄ，辺ＡＢ上に点Ｅをとり，ＢＤとＣＥの交点をＦとする。∠ＢＦＣ＝120°であるとき，△ＢＣＤと△ＣＡＥが合同になることを証明しようと，太郎くんと花子さんが取り組んでいる。

（ａ）～（ｆ）の中にあてはまるものを下の語群から選び，記号で答えなさい。なお，記号は繰り返し使ってよい。

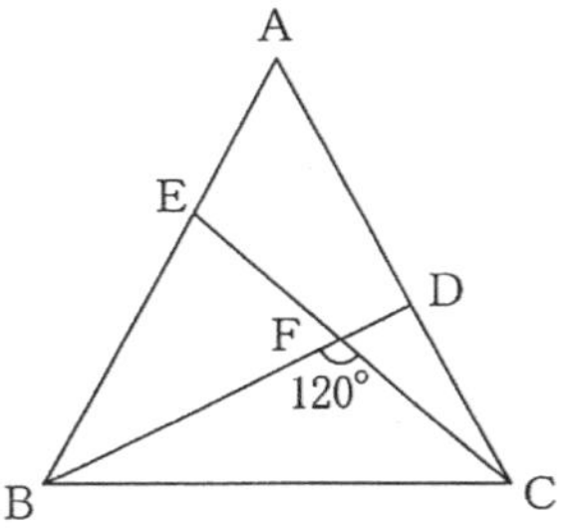

太郎「△ＢＣＤと△ＣＡＥに注目すると，△ＡＢＣは正三角形だから，辺については［（ａ）］だね。」
花子「角については［（ｂ）］が成り立つわ。」
太郎「ここからどうしたらいいかな。」
花子「合同を証明するためには，あと１個，条件が必要ね。」
太郎「三角形の内角の和が180°になることを利用すれば上手くいきそうだな。」
花子「ほかにも，三角形の相似を使えば証明できそうだわ。」

２人は，それぞれ次のように残り１個の条件を証明した。

太郎くんの証明

△ＢＣＦにおいて，
三角形の内角の和が180°になるから，
∠ＣＢＦ＝180°－（∠ＢＦＣ＋［（ｃ）］）
ここで，∠ＢＦＣ＝120°，［（ｃ）］＝60°－∠ＡＣＥ より，
∠ＣＢＦ＝180°－（120°＋60°－∠ＡＣＥ）
よって，∠ＣＢＤ＝∠ＡＣＥ

花子さんの証明

△ＢＣＤと△ＣＦＤにおいて，
共通な角なので，∠ＢＤＣ＝［（ｄ）］
［（ｅ）］＝180°－∠ＢＦＣ＝60°より，∠ＢＣＤ＝［（ｅ）］
よって，２組の角がそれぞれ等しいので，△ＢＣＤ∽△ＣＦＤ
相似な三角形では対応する角の大きさは等しいから，∠ＣＢＤ＝∠ＦＣＤ
これより，∠ＣＢＤ＝∠ＡＣＥ

２人「これで［（ｆ）］ことが言えたので，△ＢＣＤと△ＣＡＥが合同であることが証明できたね。」

【語群】

(ア) ＢＦ＝ＡＤ　(イ) ＢＣ＝ＣＡ　(ウ) ＦＤ＝ＤＣ　(エ) ∠ＢＣＦ＝∠ＣＥＢ
(オ) ∠ＢＣＤ＝∠ＣＡＥ　(カ) ∠ＣＢＤ＝∠ＣＡＥ　(キ) ∠ＣＤＦ　(ク) ∠ＦＢＥ
(ケ) ∠ＣＦＤ　(コ) ∠ＦＥＢ　(サ) ∠ＦＣＢ
(シ) １組の辺とその両端の角がそれぞれ等しい　(ス) ２組の辺とその間の角がそれぞれ等しい
(セ) ３組の辺がそれぞれ等しい

2023年度
惺山高等学校入学者選抜
学力検査問題

社　　　会

（11：35　～　12：20）

注　　意

1 「開始」の合図があるまで、開いてはいけません。

2 問題は８ページまであります。

3 「開始」の合図があったら、まず、解答用紙の第一志望学科・コースに丸を付け、受検番号・氏名を書きなさい。

4 答えは、すべて解答用紙に書きなさい。

5 「終了」の合図で、すぐ鉛筆をおき、解答用紙を裏返しにしなさい。

1 2022年はサッカーワールドカップがカタールで開催されました。決勝トーナメント出場国に関して、あとの問いに答えなさい。

問1　ワールドカップの決勝戦アルゼンチンVSフランスの試合は、日本では12月19日午前0時にキックオフされました。現地カタールは何月何日何時でしたか、答えなさい。

（日本：東経135度、カタール：東経45度）

問2　アメリカのおおむね北緯37度以南の地域は、気候が温暖で土地が安く手に入り労働力が豊富で賃金が安いことなどから、現在は情報技術産業・自動車産業・航空宇宙産業・石油化学工業などが盛んに行われています。この地域を何といいますか、答えなさい。

問3　右の写真は、アメリカなどに見られる「センターピボット」と呼ばれる農業方式です。この農業の説明としてもっとも適切なものを、次のア～エから１つ選び、記号で答えなさい。

ア　夏に乾燥する気候に適応した、ブドウやオリーブなどの栽培を行う。
イ　暖かい気温と季節風による降水量を生かして、米の二期作を行う。
ウ　栄養価の高い飼料を与え、肉牛を効率よく太らせる飼育を行う。
エ　地下水などを利用して、灌漑《かんがい》による小麦の栽培を行う。

問4　オーストラリアで最も多くの割合を占める気候帯を、次のア～オから１つ選び、記号で答えなさい。

ア　熱帯　　**イ**　乾燥帯　　**ウ**　温帯　　**エ**　冷帯（亜寒帯）　　**オ**　寒帯

問5　下の文は、ブラジルについて述べたものです。文中（①）・（②）に当てはまる語句の組み合わせとして正しいものを、次のア～エから１つ選び、記号で答えなさい。

> 産業の発展が進み、輸出額は1970年の27億ドルから2020年には2091億ドルに増加した。2020年の主な輸出品は、土壌や品種の改良が進んだ結果、栽培できるようになった（ ① ）である。最近では、増えてきた電力需要への対応で、（ ② ）という問題を抱えている。

ア　①　コーヒー豆　　②　水力発電のダム建設のため、熱帯雨林が水没する
イ　①　コーヒー豆　　②　原子力発電所の建設のため、熱帯雨林が伐採される
ウ　①　大豆　　②　水力発電のダム建設のため、熱帯雨林が水没する
エ　①　大豆　　②　原子力発電所の建設のため、熱帯雨林が伐採される

問6　下の文は、領域について述べたものです。文中の（①）（②）に当てはまる語句の組み合わせとして正しいものを、次のア～エから１つ選び、記号で答えなさい。

> 領域は領土・領空・領海から構成されます。領海は12海里以内の海域であり、領空は（ ① ）の上空と位置づけられています。また、領海の外側は、水産資源や鉱産資源を沿岸国が管理できる排他的経済水域として規定されています。
> 領土に関しては、日本の領土である島根県沖の（ ② ）が、現在は韓国に占拠されているという状態が続いています。

ア　①　領土と領海　　②　尖閣諸島
イ　①　領土と領海　　②　竹島
ウ　①　領土と経済水域　　②　尖閣諸島
エ　①　領土と経済水域　　②　竹島

問7　下の表は、フランス・ドイツ・オランダ・イタリアにおける主要な食料の自給率をそれぞれ示しています。フランスに当てはまるものを、次のア～エから１つ選び、記号で答えなさい。

ヨーロッパの主な国の食料自給率(%)［2018年］

	穀類(小麦など)	野菜類	果実類	肉　類
ア	101.2	41.8	39.0	130.3
イ	9.8	410.7	40.2	272.8
ウ	62.1	149.1	109.3	75.1
エ	176.4	72.0	66.2	104.2

(FAOデータベースより作成)

問８　モロッコが属する州の地図を、次のア～エから１つ選び、記号で答えなさい。

ア　　　　イ　　　　ウ　　　　エ

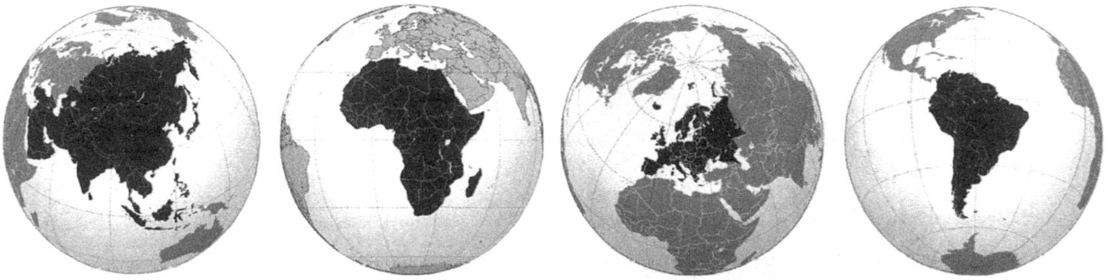

2　悍奈さんは北海道・東北地方に、山人君は九州地方に旅行に行きました。あとの問いに答えなさい。

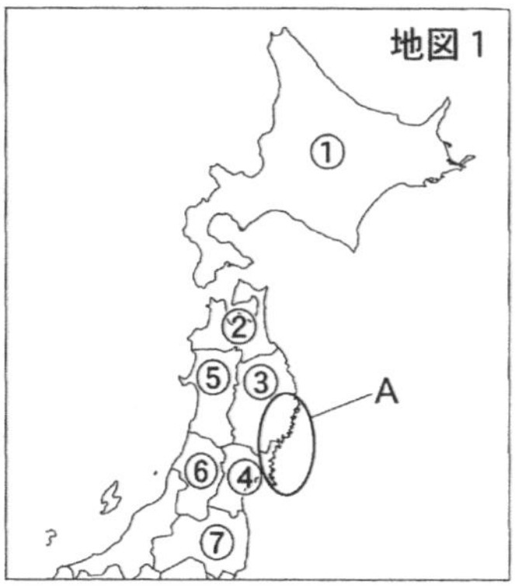

問１　地図１の①～⑦で、県庁所在地が政令指定都市となっている道・県はどれですか。当てはまるものを①～⑦から**すべて**選び、番号で答えなさい。

問２　地図１のAと同じ海岸地形が見られる場所を、次のア～エから１つ選び、記号で答えなさい。

ア　宮崎県日向灘　　　イ　福井県若狭湾

ウ　高知県土佐湾　　　エ　千葉県九十九里浜

問３　下の雨温図は、地図１の①～⑦の県庁所在地のいずれかを表したものです。①の雨温図を、次のア～エから１つ選び、記号で答えなさい。

ア　　　　イ　　　　ウ　　　　エ

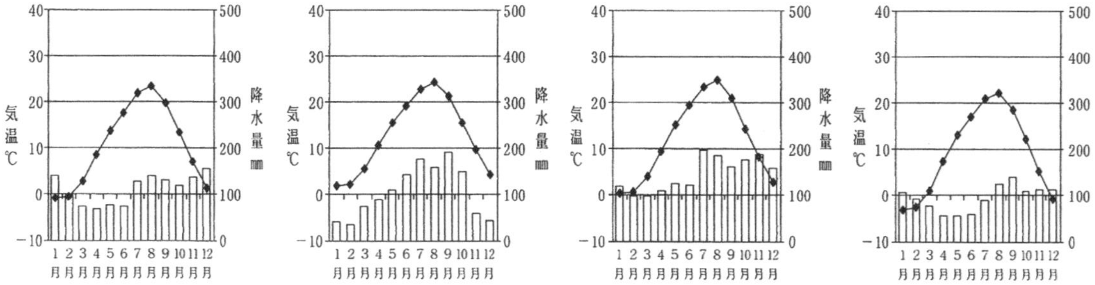

（日本国勢図会2022/23より作成）

問４　下の資料は、地図１の①における肉用牛の飼育頭数と飼育農家の戸数の推移を表しています。この資料の説明文として正しいものを、次のア～エから１つ選び、記号で答えなさい。

ア　肉用牛の飼育頭数の増加にともなって、飼育農家の戸数も増加している。

イ　飼育農家の戸数は、2020年には、1970年の戸数の４分の１を下回った。

ウ　肉用牛の飼育頭数は、年を追うごとに増加し2020年には500万頭を超えた。

エ　2020年の飼育農家一戸あたりの肉用牛の飼育頭数は、約200頭である。

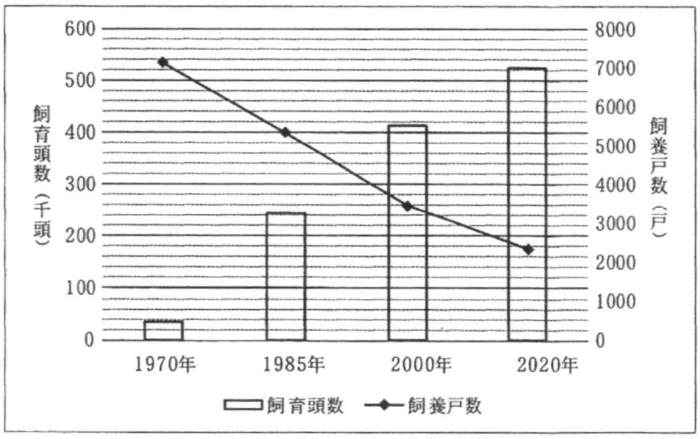

（e-start畜産統計調査より作成）

問５　下の写真は2015年に登録された世界遺産の１つです。この世界遺産がある都道府県を、地図２の①～⑧から１つ選び、番号で答えなさい。また、選んだ都道府県名を漢字で答えなさい。

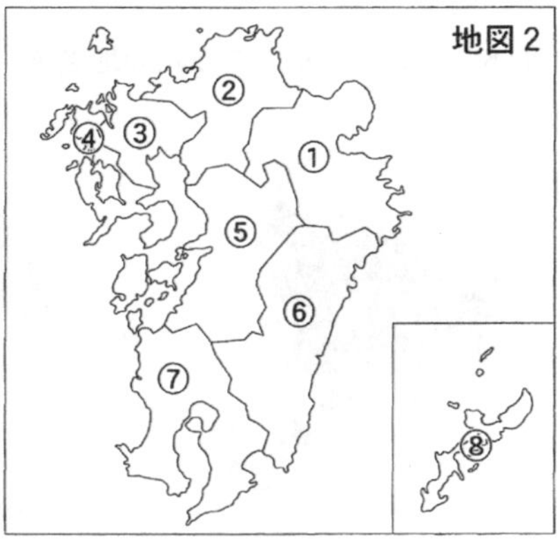

問６　地図２の⑤にある阿蘇山には、噴火で火山灰や溶岩が噴き出した後にできた世界一大きなくぼ地があります。この地形の名称を答えなさい。

問７　下の表は、四大工業地帯の製造品出荷額とそれの構成比を表しています。北九州工業地帯の統計を表しているものを、次のア～エから１つ選び、記号で答えなさい。

	製造品出荷額（億円）	製造品出荷額の構成比（%）					
		金　属	機　械	化　学	食料品	繊　維	その他
ア	99,760	17.0	45.6	6.0	16.6	0.6	14.2
イ	336,597	20.9	37.9	15.9	11.1	1.3	12.9
ウ	589,550	9.5	68.6	6.6	4.7	0.7	9.9
エ	252,929	9.4	47.0	18.7	11.6	0.4	12.9

（日本国勢図絵 2022/23より作成）

問８　次のＡ～Ｄの説明のうち、地図２の①と⑦の説明の組み合わせとして正しいものを、次のア～カから１つ選び、記号で答えなさい。

Ａ　シラス台地が広く分布しており、芋類・野菜・茶・さとうきびなどの生産が盛んである。

Ｂ　穀物の産地である筑紫平野が広がり、冬でも温暖な気候を利用し、稲作が終わった後の水田で小麦や大麦を栽培する二毛作が行われている。

Ｃ　日本最大級の発電量をもつ風力発電所がある。原子力発電所に替わる再生可能なエネルギーとして力を注いでいる。

Ｄ　温泉の源泉の数や湧き出る湯の量が日本一で、観光地として発展するとともに、地下にある高温の熱水や蒸気を利用して発電も行なっている。

	①	⑦
ア	B	A
イ	B	D
ウ	C	B
エ	C	D
オ	D	A
カ	D	B

3 古代から近世の東アジアの様子についてまとめました。あとの問いに答えなさい。

地図1

【日本の様子】
幕府aの権威が落ちて始まった戦国時代も終わり、兵農分離bのための政策が行われていくようになった。

地図2

【日本の様子】
初の武家政権が誕生したが戦乱が続きました。人々は仏教に新たな救いを求めたくさんの宗派cが誕生しました。

地図3

【日本の様子】
遣唐使が廃止されd、中期ごろになると中国の文化を基礎にして独自の文化が生み出されました。

地図4

【日本の様子】
皇位継承争いの後、律令制度eが整えられていき、中央集権的な国家づくりが始められるようになりました。

図中の ──▶ は、国同士の争いがあったこと意味しています。

問1 地図1～4を歴史順に並べなさい。

問2 地図中1・2・4の矢印の出来事として正しい組み合わせを、次のア～エから1つ選び、記号で答えなさい。

	地図1	地図2	地図4
ア	慶長の役	弘安の役	壬申の乱
イ	文禄の役	文永の役	白村江の戦
ウ	文永の役	文禄の役	白村江の戦
エ	弘安の役	慶長の役	壬申の乱

問3 波線部aは、中国に対して公式の使節を派遣し、朝貢形式による貿易を開始しました。これを行った将軍名を答えなさい。

問4 波線部bを行うため、当時の権力者は資料1のような政策を行いました。この政策名を答えなさい。

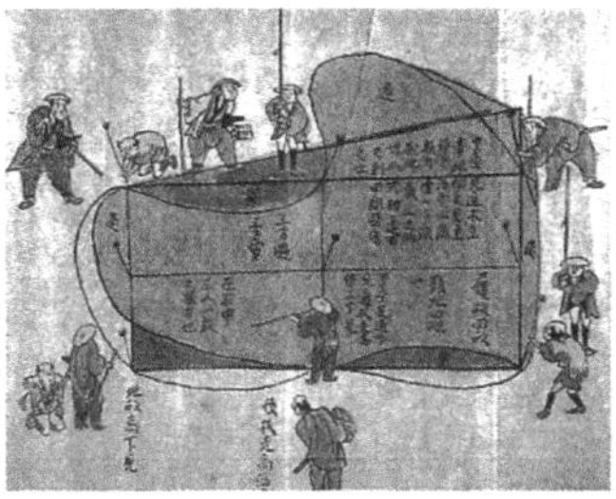
資料1

資料2

問5 波線部cの1つに資料2があります。これは、どの宗派を描いたものですか。次のア～エから1つ選び、記号で答えなさい。

ア 時宗　イ 天台宗　ウ 浄土真宗　エ 浄土教

問6 波線部dを朝廷に提案した人物名を、次のア～エから1つ選び、記号で答えなさい。

ア 藤原頼道　イ 藤原道長　ウ 鑑真　エ 菅原道真

問7 波線部eの1つに班田収授法があり、民衆は口分田に応じてある負担を求められました。この負担の名称を漢字1文字で答えなさい。

問8 地図2の出来事の後、御家人の中には生活が苦しくなる者も出てきました。御家人救済のために、幕府が出したものを答えなさい。

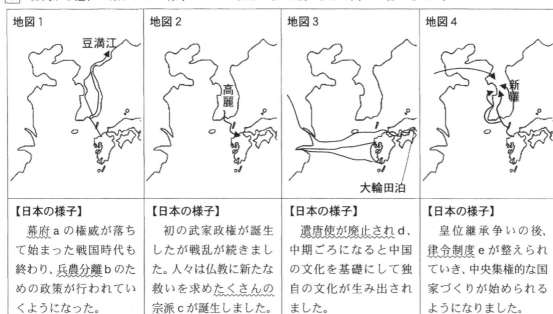

4 近世から現代の東アジアの出来事についてまとめました。あとの問いに答えなさい。

問1　年表中の改革A～Cの内容として正しい組み合わせを、次のア～エから1つ選び、記号で答えなさい。

	改革A	改革B	改革C
ア	人足寄せ場の設置	上米の制	株仲間の解散
イ	上米の制	人足寄せ場の設置	株仲間の解散
ウ	人足寄せ場の設置	株仲間の解散	上米の制
エ	公事方御定書	寛政異学の禁	蝦夷地の開拓

年号	できごと
1685	生類憐みの令が出される
	……………………改革A
1731	享保の飢きん
1782	天明の飢きん……P
	……………………改革B
1825	異国船打払い令が出される
1833	天保の飢きん……P
	……………………改革C
1840	中国に【Z】がおこる
1842	薪水給与令が出される

問2　年表中のPで、百姓たちは資料1を作り役人に提出しました。資料1をこのような形にした理由を、簡単に説明しなさい。

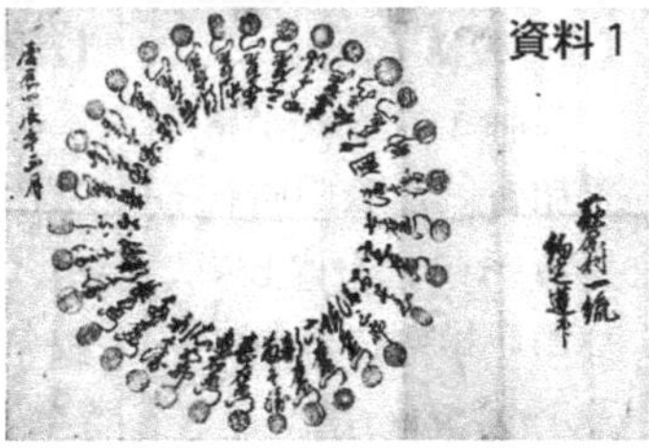
資料1

問3　幕府の外交方針は、中国で【Z】が起きたことにより大きく転換することになりました。Zに入る出来事を答えなさい。

問4　資料2・3は、明治政府が朝鮮と清との間に結んだ条約を簡単にまとめたものです。この2つの条約から分かることを、次のア～エから1つ選び、記号で答えなさい。

資料2

日清修好条規（1871年）
第1条　日本と清は友好関係を強め、互いの領土を侵略せず、永久に安全なものとする。
第8条　日本と清の両国にある貿易港には、互いに役人を派遣し、自国の証人の取り締まりを行う。財産や産業などに関係する事件が起こった場合は、裁判を行い、自国の法律で裁くこととする。

資料3

日朝修好条規（1876年）
第1款　朝鮮は自立した国で、日本と平等の権利を持つ。
第8款　朝鮮にある貿易港は日本の商人や国民を管理する役人を置く。
第10款　日本人が朝鮮の貿易港で罪を犯し、朝鮮人に交渉が必要な事件が起こった場合は、日本の領事が裁判を行う。

ア　日本と清の関係は、不平等な関係にあった。
イ　日本と朝鮮の関係は、不平等な関係にあった。
ウ　日清間に争いがあった場合、全ての裁判は清側の裁きを基準とした。
エ　日朝間に争いがあった場合、全ての裁判は朝鮮側の裁きを基準とした。

資料4

問5　資料4の人物は、辛亥革命を起こした人物です。この人物名を答えなさい。

問6　資料5は、第一次世界大戦中に日本が中華民国に対して要求したものの一部です。この資料は何ですか、答えなさい。

資料5

一、中国政府はドイツが山東省に持っている一切の利権を日本に譲ること。
一、中国は、政治・経済・軍事の顧問として、中央政府に有力は日本人を雇うこと。

問7　下の3つの資料に関係のある地域【Y】の名前を答えなさい。

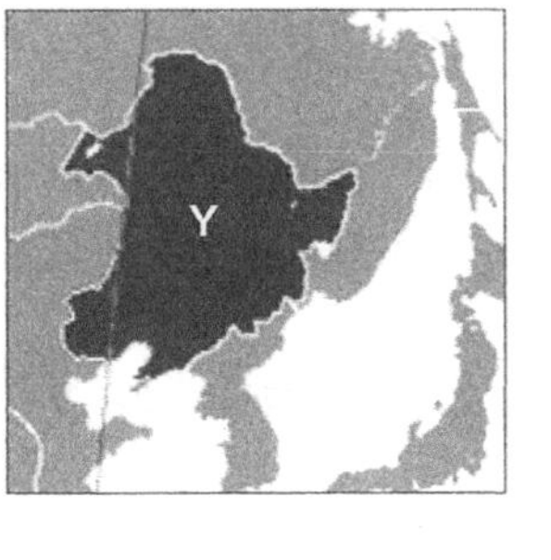

總會勸告書を採擇し
我が代表堂々退場す
四十二對一票、棄權一

問8　日本と中国は、2022年に日中国交正常化50周年を迎えました。正常化した年に日本であった出来事を、次のア～エから１つ選び、記号で答えなさい。

ア　高度経済成長期が始まる　　イ　日米安全保障条約の締結

ウ　東京オリンピックの開催　　エ　沖縄の日本への復帰

5　新聞記事を読んで、あとの問いに答えなさい。

同性婚制度なし 違憲状態

東京地裁判決 国会に立法措置促す

賠償請求は棄却

全国5地裁で起こされた同種訴訟で3件目の判決。札幌地裁は違憲と判断し、東京と大阪の両地裁は結論こそ合憲だが、いずれも同性婚の立法措置をしないことが将来的に違憲になる可能性を示唆している。

争点となった憲法の条文のうち、判決が同性婚を認めない民法などを問題視した根拠は憲法24条2項。婚姻に関する法律を「個人の尊厳と両性の本質的平等に立脚して制定されなければならない」と規定している。

判決は「婚姻によってパートナーとの家族関係や共同生活に法的保護を得られるのは、個人の尊厳に関わる重要な人格的利益だ」として、この点は同性愛者にとっても変わらないと位置付けた。

さらに、パートナーと家族になるための法制度としては同性婚以外に諸外国で導入されている制度も考えられ、多くの自治体でパートナーシップ証明制度が広がりを見せている現状も挙げて「異性間の婚姻を前提とした伝統的価値観とも両立し得る」とした。

山形新聞令和4年12月1日より抜粋（共同通信配信）

問1　下の文中【A】に当てはまる語句を記事の中から見つけ出し、漢字２文字で答えなさい。

> 婚姻は、【A】の合意のみに基いて成立し、夫婦が同等の権利を有することを基本として、相互の協力により、維持されなければならない。
> （日本国憲法24条1項）

問2　裁判所には、記事のような判決を出せる権限があります。この権限のことを何といいますか、答えなさい。

問3　日本の司法制度は三審制を採用しています。記事の裁判は、右図のどこで行われた裁判ですか。図中の番号１～６から１つ選び、番号で答えなさい。

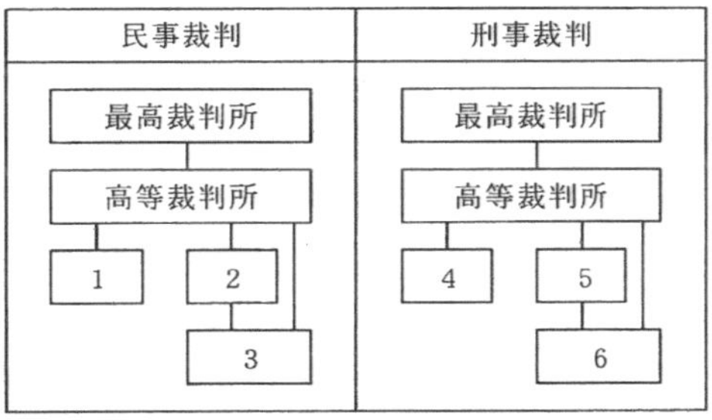

問4　傍線部ａは、下図のような流れで成立します。図中の空欄に当てはまる語句の組み合わせとして正しいものを、次のア～エから１つ選び、記号で答えなさい。

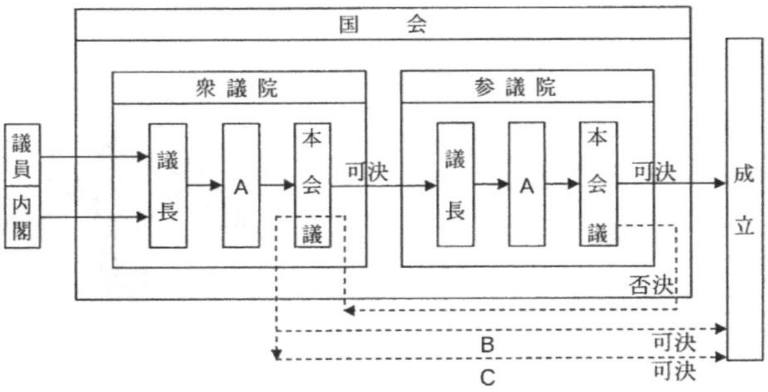

	A	B	C
ア	委員会	総議員の2／3以上の多数	両院協議会における2／3以上の多数
イ	公聴会	出席議員の2／3以上の多数	両院協議会による両院一致
ウ	委員会	出席議員の2／3以上の多数	両院協議会による両院一致
エ	審議会	総議員の1／3以上の多数	両院協議会における2／3以上の多数

問５　国会には「法律案の議決」以外にも仕事があります。下の仕事の中で「衆議院の優越」が関係するものを、次のア～エから１つ選び、記号で答えなさい。

ア　国政調査権の行使　　イ　内閣総理大臣の指名　　ウ　憲法改正の発議　　エ　弾劾裁判所の設置

問６　内閣は、総理大臣と過半数の大臣は国会議員の中から選ばなければなりません。このような制度を何というか答えなさい。

問７　傍線部ｂのように、自治体独自の取り組みのことを、次のア～エから１つ選び、記号で答えなさい。

ア　地方区　　　イ　住民自治

ウ　行政特区　　エ　団体自治

問８　傍線部ｂなどを実施するためには、自治体に財源が必要となります。県の予算において、依存財源であり使途が特定されている項目をグラフの中から選び、答えなさい。

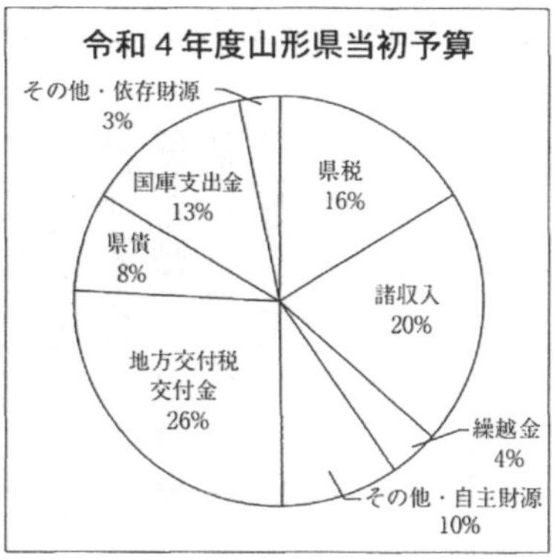
令和４年度山形県当初予算
その他・依存財源 3%
国庫支出金 13%
県税 16%
県債 8%
諸収入 20%
地方交付税交付金 26%
繰越金 4%
その他・自主財源 10%

（山形県HPより作成）

6　惺奈さんには、公務員のお父さんと銀行に勤めるお母さんがいます。あとの問いに答えなさい。

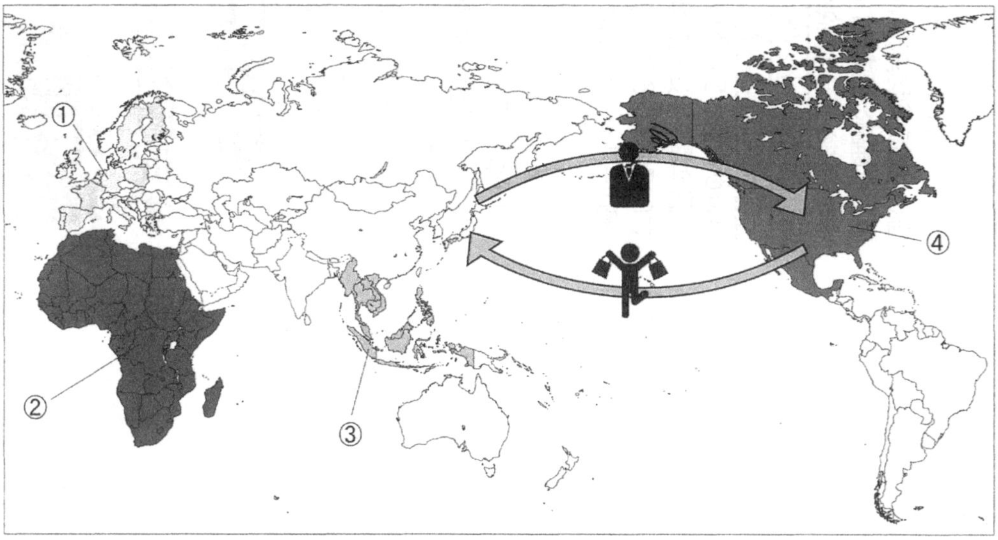
①
②
③
④

問１　世界には、様々な地域機構があります。塗られている①～④の機構名の組み合わせとして正しいものを、次のア～エから１つ選び、記号で答えなさい。

	①	②	③	④
ア	EU	USMCA	ASEAN	AU
イ	ASEAN	AU	EU	USMCA
ウ	EU	AU	ASEAN	USMCA
エ	AU	EU	USMCA	ASEAN

問２　お父さんはアメリカに出張に行きました。友人は休暇を利用して日本に来ました。２人のセリフから、この時の為替相場はどのような状態ですか。答えなさい。

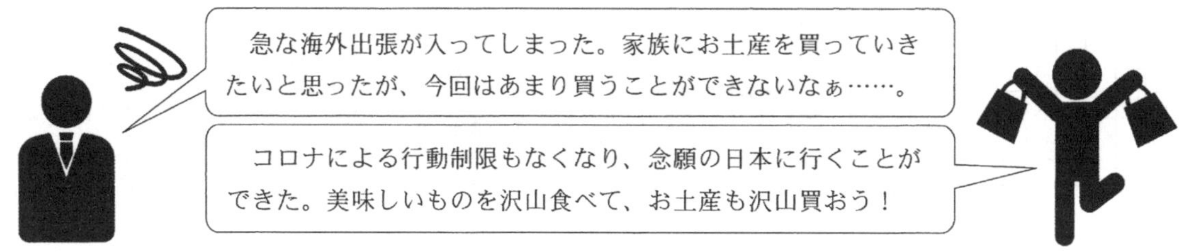
急な海外出張が入ってしまった。家族にお土産を買っていきたいと思ったが、今回はあまり買うことができないなぁ……。
コロナによる行動制限もなくなり、念願の日本に行くことができた。美味しいものを沢山食べて、お土産も沢山買おう！

問３　お給料をもらったお父さんは、お土産を買ってきました。この時、社会では表に記された経済活動が行われました。表の名称に適する経済活動の流れを図中の番号よりそれぞれ選び、番号で答えなさい。

お父さんがお土産を買った時の経済活動				
名称	労働力	賃金	商品	代金
番号				

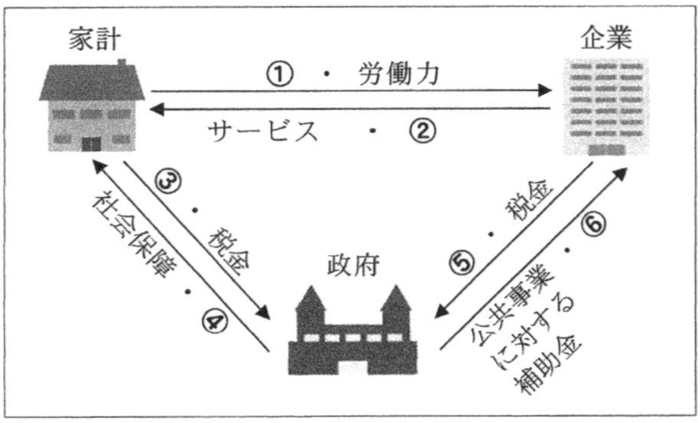

問４　問３の経済活動が行われた際に発生しない税金を、次のア～エから１つ選び、記号で答えなさい。

ア　法人税　　**イ**　所得税　　**ウ**　消費税　　**エ**　相続税

問５　お父さんは、パスポートを作る際に運転免許証を忘れてしまい、別なカードを窓口に提示しました。このカードは、所得の正確な把握や行政手続きの簡素化を図る為に、2016年から導入されたものです。このカードを何というか、答えなさい。

問６　お母さんの職場では、職場の環境を良くしようと労働者が集まって経営者側との話し合いの場を設けました。このような権利を何というか、答えなさい。

問７　企業や起案者は様々な方法で活動資金を調達しています。近年、新たな調達方法として、インターネット上で多数の人から資金を集める手法が注目され始めました。右図のような調達手段を何というか、答えなさい。

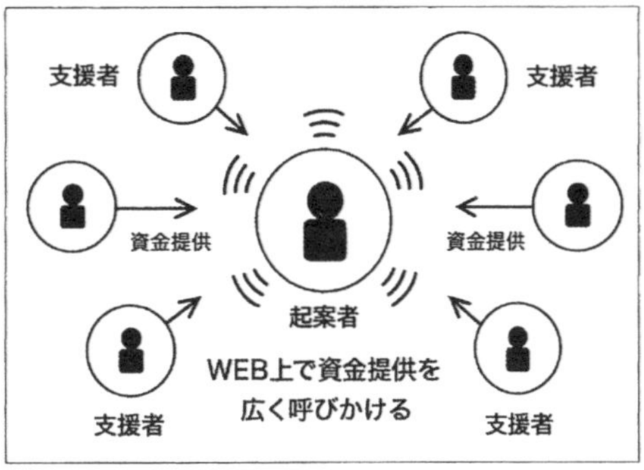

問８　ケーキ屋さんがクリスマスケーキの価格をＰからＰ′にした理由として正しいものを、次のア～エから１つ選び、記号で答えなさい。

ア　原材料は高いが、新しい設備を導入して生産量を増やしたため

イ　生産を予約制にして、売れ残りを出さない販売方法に変更したため

ウ　人件費をあげてパート社員をたくさん雇い、生産量を増やしたため

エ　ケーキのサイズを小さくして生産量を増やしたため

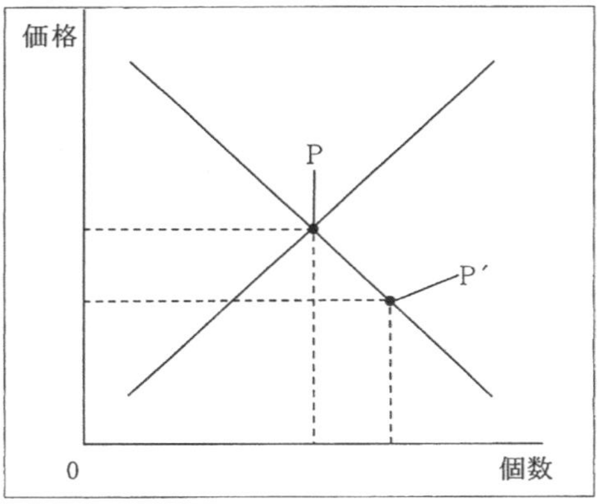

2023年度

惺山高等学校入学者選抜

学力検査問題

理　　　科

（13：10　～　13：55）

注　　意

1　「開始」の合図があるまで、開いてはいけません。

2　問題は7ページまであります。

3　「開始」の合図があったら、まず、解答用紙の第一志望学科・コースに丸を付け、受検番号・氏名を書きなさい。

4　答えは、すべて解答用紙に書きなさい。

5　「終了」の合図で、すぐ鉛筆をおき、解答用紙を裏返しにしなさい。

1　次の各問いに答えなさい。

1．次の文中の①～⑤に入る語句の組み合わせとして正しいものを次のア～カから一つ選び、記号で答えなさい。

空気中では、音源が空気を（　①　）させることによって音が伝わる。弦をはじくと音が聞こえるのは、弦が空気を（　①　）させ、それが音として伝わり、耳に達すると（　②　）という薄い膜が（　①　）するためである。弦を強くはじいたところ、（　③　）い音が出た。弦の張りの強さが同じであるとき、弦を短くしたところ音が（　④　）く聞こえた。また、弦の長さを同じにしたとき、弦の張りを弱くしたところ（　⑤　）い音となった。

	①	②	③	④	⑤
ア.	振幅	鼓膜	大き	低	高
イ.	振動	薄膜	小さ	低	高
ウ.	振幅	薄膜	大き	低	高
エ.	振動	鼓膜	大き	高	低
オ.	振幅	薄膜	小さ	高	低
カ.	振動	鼓膜	小さ	高	低

2．下の文中の①・②に入る数字として適当なものを下のア～コの中から一つずつ選び、記号で答えなさい。

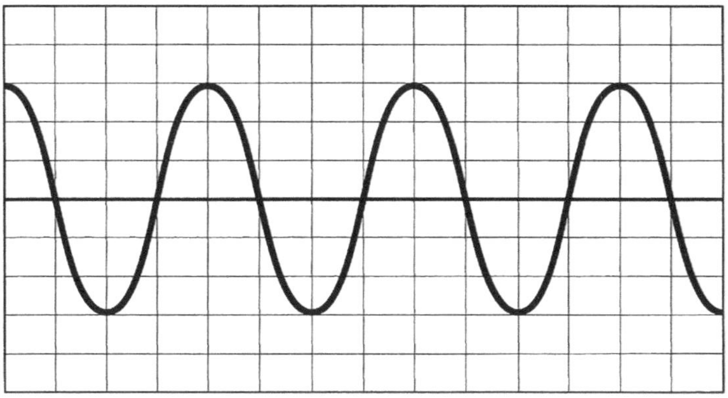

図I

図Iは同じ大きさと高さをもつ音をマイクロホンを通してコンピュータの画面に表したものである。ただし、画面の縦軸は振幅、横軸は時間を表している。このとき、音源からの音の振幅は（　①　）目盛り分である。横軸の1目盛りを0.001秒とすると、1回の振動で4目盛り分であることから、この波の振動数は（　②　）Hzである。

ア．1　　イ．2　　ウ．3　　エ．4　　オ．5　　カ．6　　キ．100
ク．200　　ケ．250　　コ．300

3．夏に、霞城公園で花火大会が開催された。惺山高等学校から花火を見学していたところ、花火が光るのを見てから、3.20秒後に花火の音が聞こえた。このとき、霞城公園から惺山高等学校までの距離を求めなさい。ただし、空気中での音の伝わる速さを340m/sとし、途中の計算式を解答用紙に記入すること。また、計算結果は4桁の数字で答えなさい。

2 エネルギーと仕事について、次の各問いに答えなさい。ただし、質量100ｇの物体にはたらく重力の大きさを１Ｎとする。

1．図のように定滑車と動滑車を用いて、質量10kgの物体を５ｍの高さまでに持ち上げた。ただし、滑車とひもの質量と、ひもと滑車の間にはたらく摩擦力は無視できるものとする。

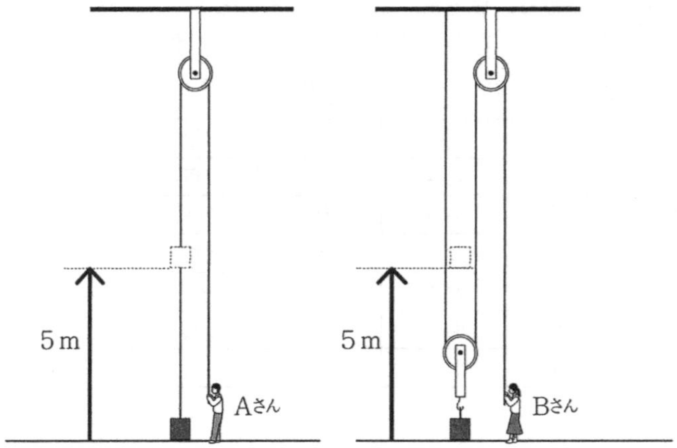

（１） Ａさんがひもを引く力は何Ｎか答えなさい。

（２） Ｂさんがひもを引く力は何Ｎか答えなさい。

（３） Ａさんが物体にした仕事をW_1、Ｂさんが物体にした仕事をW_2とする。W_1とW_2との大小関係について正しいものを次のア～エから一つ選び、記号で答えなさい。

ア．$W_1 < W_2$

イ．$W_1 > W_2$

ウ．$W_1 = W_2$

エ．この条件だけではわからない

2．質量60kgの物体を重力に逆らって1.5m高い位置に移動させるのに２秒かかった。

（１） この物体を移動させるときに必要な仕事は何Ｊか答えなさい。

（２） この物体を移動させるときの仕事率は何Ｗか答えなさい。

3　物質の分類について、次の各問いに答えなさい。

1．物質A・B・Cは砂糖・塩・小麦粉のどれかであり、これらを特定するために次の実験を行った。

【実験】①それぞれの物質を燃焼さじにのせ、加熱して変化を観察した。
　　　　②それぞれの物質を水の中に入れ、溶けるかどうか観察した。

実験①・②の結果を次の表にまとめた。これらの結果から、物質A・B・Cの組合せとして正しいものを下のア～カから一つ選び、記号で答えなさい。

【結果】

	実験①	実験②
物質A	燃えなかった	水に溶けた
物質B	炎を出して燃えた	水に溶けなかった
物質C	熱すると液体となって融けた	水に溶けた

	ア．	イ．	ウ．	エ．	オ．	カ．
物質A	砂糖	砂糖	小麦粉	小麦粉	塩	塩
物質B	塩	小麦粉	塩	砂糖	小麦粉	砂糖
物質C	小麦粉	塩	砂糖	塩	砂糖	小麦粉

2．下のア～サの物質について次の実験を行った。

【実験】①それぞれ電気を通すか調べた。
　　　　②それぞれ磁石につくか調べた。

（1）　電気を通す物質をア～サから全て選び、記号で答えなさい。

（2）　磁石につく物質をア～サから選び、記号で答えなさい。

ア．プラスチック　　イ．鉄　　ウ．ガラス　　エ．アルミニウム　　オ．銅
カ．ゴム　　キ．金　　ク．岩塩　　ケ．木片　　コ．酸化鉄　　サ．鉛筆の芯

3．プラスチックの性質として正しいものを、次のア～オから一つ選び、記号で答えなさい。

ア．プラスチックはとても燃えにくく、高温で燃やしたとしても二酸化炭素は発生しない
イ．プラスチックは磁石につきやすい
ウ．全てのプラスチックは白色であり重くて硬い
エ．プラスチックの主原料は石油である
オ．ペットボトル本体に用いられているプラスチックはポリエチレンである

4．材質がわからないボルトの材質を特定する実験を行った。次の図から密度を求め、材質を下のア～カから一つ選び、記号で答えなさい。

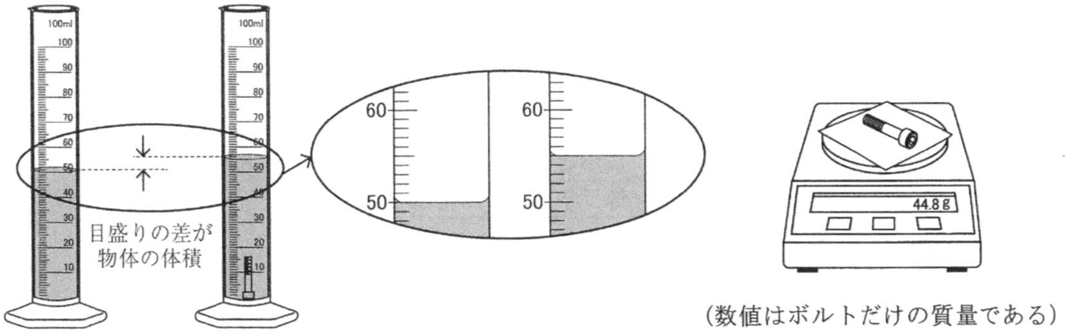

(数値はボルトだけの質量である)

【材質】(　　)内の数値は密度を示す

ア．アルミニウム(2.70 g/cm^3)　　イ．亜鉛(7.14 g/cm^3)　　ウ．鉄(7.78 g/cm^3)
エ．銅(8.96 g/cm^3)　　オ．銀(10.49 g/cm^3)　　カ．金(19.32 g/cm^3)

4　わたしたちの体には、隅々《すみずみ》まで血管が張り巡らされている。その中を心臓の働きによって血液が循環し、物質を運んでいる。次の各問いに答えなさい。

1．下図はヒトの心臓を正面から見た模式図である。心臓から血液が送り出されたときの流れを矢印で表した図として適切なものを、次のア～エから一つ選び、記号で答えなさい。

ア.
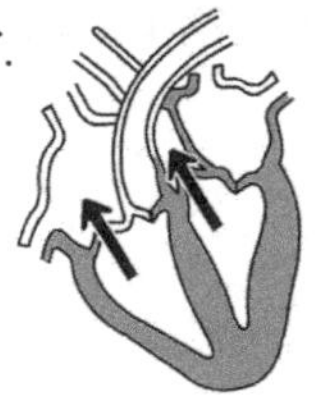
イ.
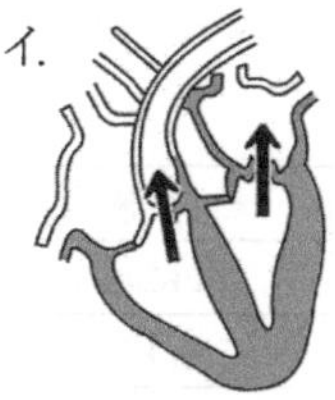
ウ.
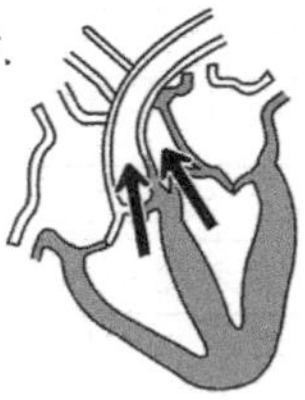
エ.
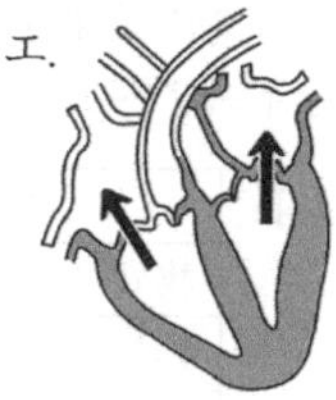

2．心臓に流れ込む血液が通る血管の名称を答えなさい。
3．心臓から送り出される血液が通る血管の名称を答えなさい。
4．血液によって運ばれた酸素は、体の各細胞に取り込まれる。その仕組みを説明した文として適切なものを、次のア～オから一つ選び、記号で答えなさい。
　ア．毛細血管からしみ出した赤血球が、なかだちをする
　イ．毛細血管からしみ出した白血球が、なかだちをする
　ウ．毛細血管からしみ出したヘモグロビンが、なかだちをする
　エ．毛細血管からしみ出した血しょうが組織液となって、なかだちをする
　オ．毛細血管からしみ出した血小板が組織液となって、なかだちをする
5．全身の細胞に酸素をわたした後の、二酸化炭素を多く含む血液の名称を答えなさい。

5　酸化銀1.0ｇを乾いた試験管に入れ、右図の装置で加熱し、発生した気体を試験管に集めた。下記の各問いに答えなさい。ただし、最初に発生した少量の気体は集めないものとする。

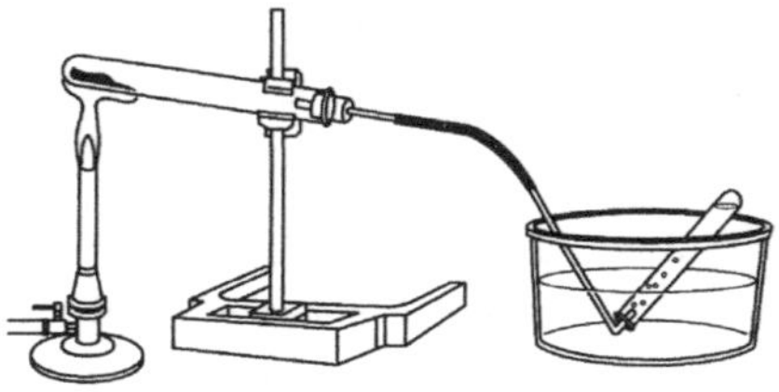

1．酸化銀を加熱すると、黒色から何色に変わるか答えなさい。
2．図のような気体の集め方を何というか答えなさい。
3．加熱をやめるときには、先に水槽からガラス管を抜く。その理由を答えなさい。
4．集めた気体の入った試験管に、火のついた線香を入れたときの変化を説明しなさい。
5．上問4の結果から、発生した気体は何か答えなさい。
6．加熱したあとの物質について次のＡ～Ｃの操作を行った。その結果として正しいものをア～クの中から一つ選び、記号で答えなさい。
　　操作Ａ：薬さじでこする
　　操作Ｂ：金しき上にのせ金づちでたたく
　　操作Ｃ：電気を通すか調べる

		操作A	操作B	操作C
	ア.	光沢がでない	広がる	電気を通さない
	イ.	光沢がでない	広がる	電気を通す
結	ウ.	光沢がでない	砕ける	電気を通さない
	エ.	光沢がでない	砕ける	電気を通す
	オ.	光沢がでる	広がる	電気を通さない
果	カ.	光沢がでる	広がる	電気を通す
	キ.	光沢がでる	砕ける	電気を通さない
	ク.	光沢がでる	砕ける	電気を通す

6 次の生物のふえ方と成長に関する各問いに答えなさい。

1．文章を読み空欄に当てはまる語句の正しい組み合わせを下のア～カから一つ選び、記号で答えなさい。

生物が自分（親）と同じ種類の新しい個体（子）をつくることを生殖という。生殖によって親から子へ生命はつながっていく。イソギンチャクやプラナリアのように雌雄の親を必要とせず、親のからだの一部が分かれて、それがそのまま子になる生殖を（　①　）生殖という。（　①　）生殖の中でもジャガイモやイチゴのような植物はからだの一部から新しい個体をつくる（　②　）生殖をおこなう。メダカやカエルのように雌雄の親がかかわって子をつくる生殖を（　③　）生殖という。（　③　）生殖をおこなう動物は成長すると雌の卵巣では卵が、雄の精巣では精子がつくられる。生殖のための特別な細胞を（　④　）細胞という。

	①	②	③	④
ア．	無性	有性	栄養	受精
イ．	有性	無性	栄養	受精
ウ．	栄養	無性	有性	生殖
エ．	栄養	有性	無性	生殖
オ．	無性	栄養	有性	生殖
カ．	有性	栄養	無性	生殖

2．下図はカエルの発生の様子を表した模式図である。下の各問いに答えなさい。

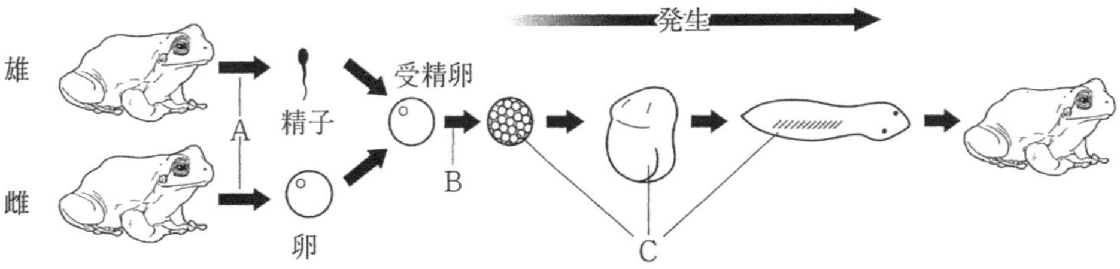

（1） 図のAのように体細胞から生殖のための特別な細胞をつくる細胞分裂の名称を答えなさい。
（2） 上問(1)の特徴に当てはまるものを下の選択肢ア～ウより一つ選び、記号で答えなさい。
（3） 図のBのように受精卵からCになるためにおこなう細胞分裂の名称を答えなさい。
（4） 上問(3)の特徴に当てはまるものを下の選択肢ア～ウより一つ選び、記号で答えなさい。
（5） 図のCのように受精卵から自分で食べ物をとりはじめるまでの段階の名称を答えなさい。

【選択肢】

ア．分裂前と比べて分裂後では染色体の数が２倍になる
イ．分裂前と比べて分裂後では染色体の数が半分になる
ウ．分裂前と分裂後では染色体の数に変化はない

7 右図は、ある地域で発生した地震を、地盤の性質が一様な２つの観測地点で観測した記録を示したものである。次の各問いに答えなさい。

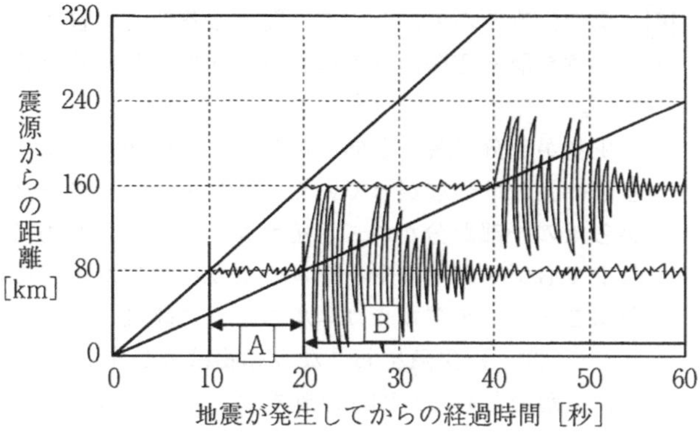

１．震源からの距離160kmの観測地点で、初期微動継続時間は何秒か答えなさい。

２．初期微動継続時間と震源からの距離との関係を表すものを下記から一つ選び、記号で答えなさい。

ア．反比例の関係にある　　　イ．無関係である

ウ．比例の関係にある　　　　エ．震源からの距離は初期微動継続時間の２乗に比例している

３．図中の大きなゆれＢの名称を書きなさい。

４．図中のＰ波の速さを求めなさい。

５．図中の小さなゆれＡの波の性質を表すものを下記から一つ選び、記号で答えなさい。

ア．固体の状態のところだけを進む

イ．液体の状態のところだけを進む

ウ．固体と液体の状態のところを進む

エ．気体の状態のところだけを進む

オ．固体、液体、気体すべての状態のところを進む

8　日本付近で吹く風について、下記の各問いに答えなさい。

1．図Ｉで、赤道付近での空気の上下運動を正しく説明している文章を、次のア～オから一つ選び、記号で答えなさい。

ア．暖められた空気が上昇する
イ．暖めたれた空気が下降する
ウ．冷やされた空気が上昇する
エ．冷やされた空気が下降する
オ．空気の温度変化はなく動かない

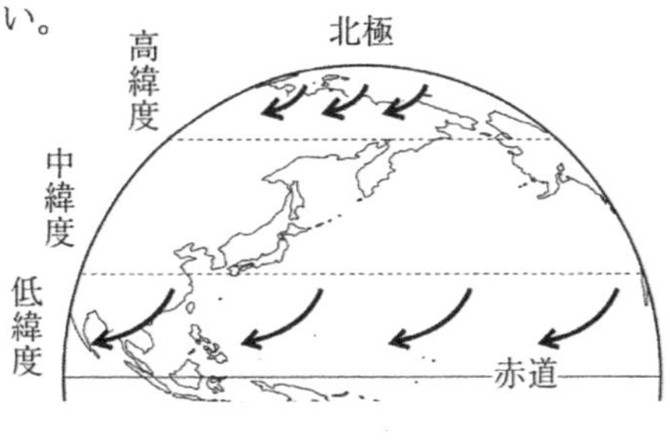

図Ｉ

2．図Ｉでは、北半球の中緯度地方(日本付近)で吹く風の向きが書かれていません。この付近ではおおむねどちらの方向に風が吹くか、次のア～オから一つ選び、記号で答えなさい。

ア．東から西　　イ．西から東　　ウ．南から北　　エ．北から南
オ．南東から北西

3．上問２の風の名称を答えなさい。

4．上問２より、日本付近での高気圧や低気圧はどちらの方角に移動するか、次のア～オから一つ選び、記号で答えなさい。

ア．東から西　　イ．西から東　　ウ．南から北　　エ．北から南
オ．移動しない

5．図Ⅱはある季節での風の方向を示している。この風が生じる理由を、次のア～オから一つ選び、記号で答えなさい。

ア．Ａは高気圧のため下降気流、Ｂは低気圧のため上昇気流が生じるため
イ．Ａは高気圧のため上昇気流、Ｂは低気圧のため下降気流が生じるため
ウ．Ａは低気圧のため下降気流、Ｂは高気圧のため上昇気流が生じるため
エ．Ａは低気圧のため上昇気流、Ｂは高気圧のため下降気流が生じるため
オ．風向きは低気圧や高気圧には関係しない

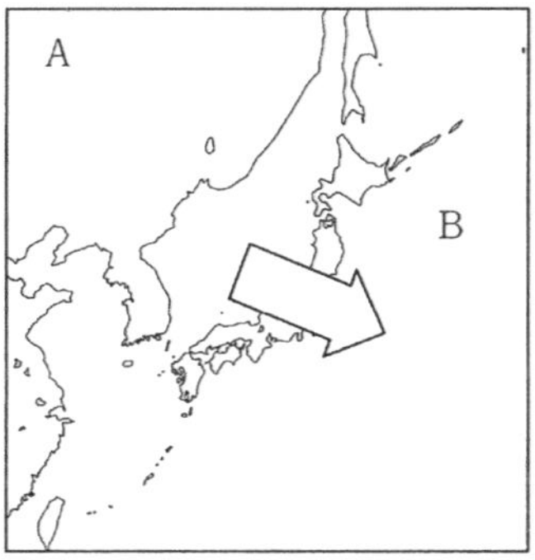

図Ⅱ

6．図Ⅱの季節を次のア～エの中から一つ選び、記号で答えなさい。

ア．春　　イ．夏　　ウ．秋　　エ．冬

2023(R5) 惺山高
K 教英出版

2023年度
惺山高等学校入学者選抜
学力検査問題

英　　語

（14：10　～　14：55）

注　　意

1　「開始」の合図があるまで、開いてはいけません。

2　問題は7ページまであります。

3　「開始」の合図があったら、まず、解答用紙の第一志望学科・コースに丸を付け、受検番号・氏名を書きなさい。

4　答えは、すべて解答用紙に書きなさい。

5　「終了」の合図で、すぐ鉛筆をおき、解答用紙を裏返しにしなさい。

1

※音声は収録しておりません

1

No.1

ア

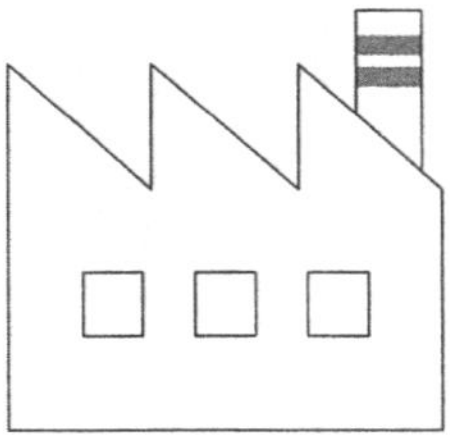

イ

ウ

No.2

ア

イ

ウ

No.3

ア

イ

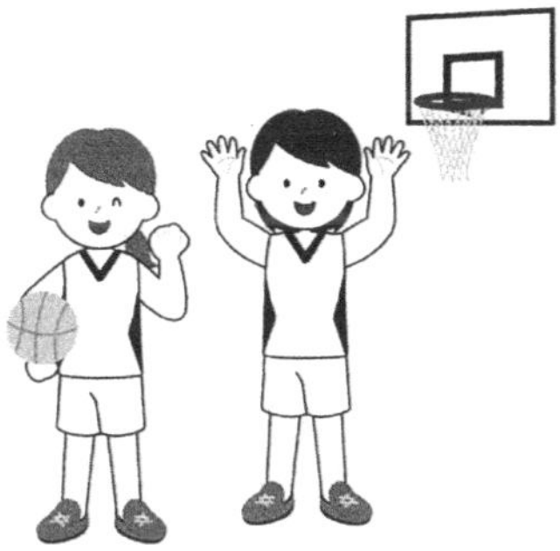

ウ

No.4

ア

イ

ウ

No.5

ア

イ

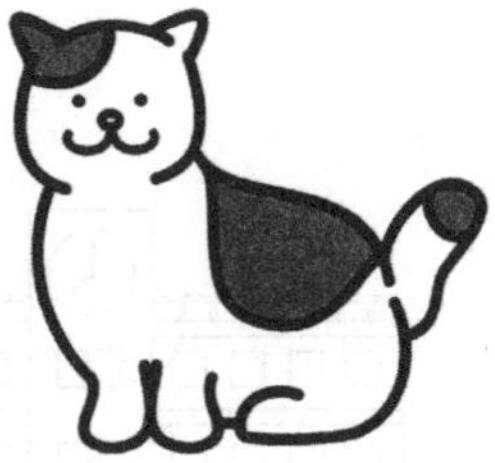

ウ

2

No.1

ア　By train

イ　By bus

ウ　By car

No.2

ア　14A

イ　40A

ウ　14B

No.3

ア　Pizza with cold coffee.

イ　Pasta with hot coffee.

ウ　Pizza with hot coffee.

No.4

ア　I gave her a present.

イ　20 friends came.

ウ　It was fun.

3

No.1

MEMO

・名前：メアリー　スミス

・出身地：（　①　）

・（　②　）人家族で暮らし、ペットの犬がいる。

・好きなことは（　③　）で、（　④　）年以上習っている。

・ハワイ語の「Aloha（アロハ）」は日本語で「（　⑤　）」という意味で、
「Hula（フラ）」は「ダンス」という意味である。

・メアリーの両親は、ハワイで土産物店を経営している。

・最も人気があるハワイのお土産は、（　⑥　）である。

No.2　メアリーがあなたの学校に来たら、山形のどんなことをお勧めしたいですか。
与えられた英文に続けて２語以上で書きなさい。

You can enjoy (　　　　　　　　　　　　) in Yamagata.

2 次は山形の高校生の義明とオーストラリアからの留学生スティーブの会話文です。２人の対話を読み、各問いに答えなさい。

Steve : Hi, Yoshiaki. What are you doing?

Yoshiaki : Hi, Steve. I'm looking at school trip pictures.

Steve : School trip? Where did you go?

Yoshiaki : I went to Ishikawa Prefecture. Ishikawa is famous for Japanese history and it was called Kaga in the Sengoku and the Edo period. Kanazawa, especially, was a very large and important city in those days.

Steve : Oh, I know that! I like Japanese manga and I have read some comics about the period. So, I have heard the word "Kaga hyaku-man-goku". Now, I like Japanese history very much.

Yoshiaki : (A) I enjoyed many historical places and cultures in Kanazawa.

Steve : Great. Please tell me about your trip.

Yoshiaki : OK. Kanazawa Castle is the most famous there, but I thought it was very crowded with many people. So I went to the museum at first. Then I visited the temple called Ninja Temple.

Steve : Ninja Temple? That sounds interesting! I'm interested (あ) ninja and samurai because they are very cool in comics.

Yoshiaki : Good. (1)There are many houses which samurai lived in. They are called Bukeyashiki.

Steve : Wow! Did you see those houses?

Yoshiaki : (B) But before I went there, I enjoyed lunch at a market. After I saw Bukeyashiki, I visited Kenroku-en, a traditional Japanese garden.

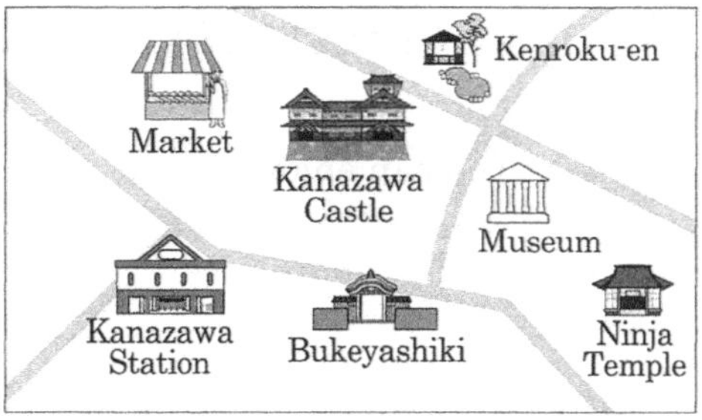

Steve : I know the garden. It is one of the greatest gardens in Japan. I've seen some pictures on the Internet. They were very beautiful.

Yoshiaki : Right. I was very excited (い) the view. After that, I finally visited Kanazawa castle. It was very exciting and I felt Kaga was amazing. By the way, (2)[was / do / know / you / castle / it / whose]?

Steve : Yes, of course. It was the castle of Maeda Toshiie. He was an uncle of Maeda Keiji. Keiji is my favorite samurai. Though he was a strange person, I think that's good.

Yoshiaki : (C) Keiji was one of the most interesting samurais in the Sengoku Period. Then, do you know he spent his last years in Yonezawa, Yamagata?

Steve : Really? I didn't know (3)that. Can I see anything about Keiji?

Yoshiaki : Yes. Uesugi Shrine is the most famous. I have visited it several times. Shall we go there next weekend? It takes about an hour from here by train.

Steve : (D) But I have plans on Saturday. How about Sunday?

Yoshiaki : OK. Then let's meet at the station at 10:00 that day.

Steve : I'm looking forward (う) it.

No.2

A: Excuse me. Where is your seat?

B: 40A. What's the matter?

A: Well, my seat is 14B. I would like to see Mt. Fuji from the window. Could you change seats with me?

B : No problem.

Question: Which seat is she going to sit in?

No.3

A: May I help you? We have pasta and pizza for lunch.

B: Can I have pizza with coffee?

A: Sure. Would you like a hot one or a cold one?

B: A hot one, please.

Question: What will he order for lunch?

No.4

A:We enjoyed Nicole's birthday.

B: That's good. How many friends came to the party?

A: 20 friends. I gave her a wonderful present.

B: That sounds nice.

Question: How was Nicole's birthday party?

問題③

続いて3の問題に移ります。次の英文は、語学研修に来たメアリーが山形の学校で自己紹介をしている場面です。メアリーの自己紹介が 2 回読まれます。No.1 の問題では、英文の内容に合うように①～⑥の空欄に入る日本語を書きなさい。No.2 では、問題用紙の指示に従って英語で答えなさい。では、始めます。(2 秒)

Hello, everyone. My name is Mary Smith. Please call me Mary. Today, I'm going to talk about myself.

I'm from Hawaii. I live in Hawaii with my family: my grandmother, my parents and me. I also live with my pet dog. I love dancing. Hula dance is very popular in Hawaii. I have taken hula lessons for more than 10 years.

In Hawaii, we have two languages, English and Hawaiian. Have you ever heard the word "Aloha"? My grandmother sometimes teaches me Hawaiian. Aloha means "Hello" in English. Hawaiian is also used in hula dance. Hula means "dancing" in English. If you have a chance to come to Hawaii, say "Aloha" to people there!

My parents have a gift shop. They sell Hawaiian gifts such as chocolate, Hawaiian dolls and aloha shirts. The most popular gift is an aloha shirt. Many Japanese people buy them for gifts. I heard that Aloha shirts came from Japanese kimonos. So I'm very interested in them. Please tell me more about Japanese cultures. Thank you.

これでリスニングテストを終わります。次の問題に移ってください。

二〇二三年度

国語解答用紙

惺山高等学校

評点

第一志望学科・コース	特進・普通・商業・デザイン
受検番号	
氏名	

※100点満点

一

問一 A B

問二

問三

問四 こと。 こと。

問五 1 2

問六

問一．２点×２
問二．２点
問三．２点
問四．４点×２
問五．２点×２
問六．２点

二

問一 Ⅰ Ⅱ Ⅲ Ⅳ

問二

問三

問四

問五

問六

問七 A B C D

問一．２点×４
問二．２点
問三．２点
問四．２点
問五．４点
問六．２点
問七．４点×４

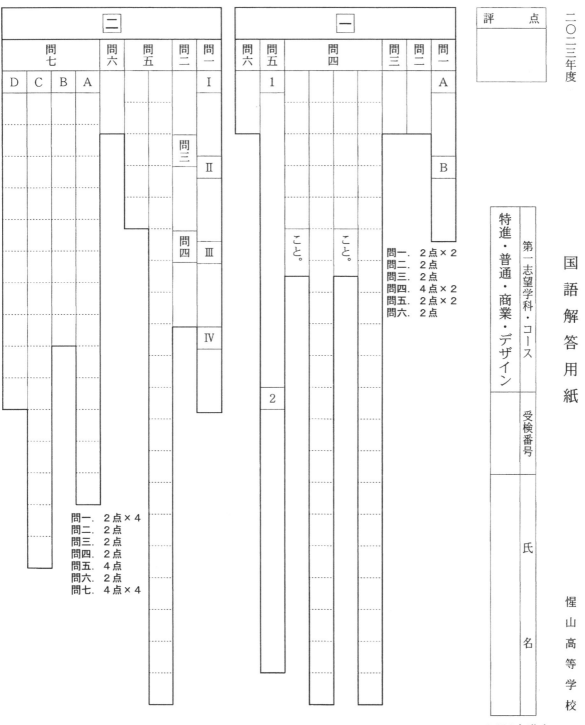

	点

4点×4

4

(1)		(2)		(3)		(4)	

(1)4点　(2)4点　(3)4点　(4)1点×6

5

(1)	$y =$			(2)	$y =$			(3)	$y =$		
(4) ア		イ		ウ		エ		オ		カ	

2点×6

6

(a)		(b)		(c)		(d)		(e)		(f)	

問３	問４	問５	問６

問７	問８

問１．２点
問２．３点
問３．２点
問４．２点
問５．２点
問６．２点
問７．２点
問８．２点

5

問１	問２	問３	問４	問５

問６	問７	問８

問１．２点
問２．２点
問３．２点
問４．２点
問５．２点
問６．２点
問７．２点
問８．３点

6

問１	問２

問３					問４	問５
名称	労働力	賃　金	商　品	代　金		
番号						

問６	問７	問８

問１．２点
問２．２点
問３．２点
問４．２点
問５．３点
問６．２点
問７．２点
問８．２点

(5)

1．2点　2．(1)3点　(2)2点　3．2点　4．3点

3	1	
	2	(1)
		(2)
	3	
	4	

1．2点　2．3点　3．3点　4．2点　5．3点

4	1	
	2	
	3	
	4	
	5	

1．2点　2．2点　3．3点　4．3点　5．2点

7	1	秒
	2	
	3	
	4	km/s
	5	

1．2点　2．2点　3．3点　4．2点　5．2点　6．2点

8	1	
	2	
	3	
	4	
	5	
	6	

3

1	They were (　　　　　　) busy (　　　　　　) take care of their son.	
2		
3		
4		
5		
6		
7		
8	①	
	②	
	③	
	④	
9		

1．２点×２
2．２点×２
3．４点
4．２点
5．２点
6．２点
7．２点
8．２点×４
9．４点

2023年度　英語解答用紙　惺山高等学校

第一志望学科・コース	受検番号	氏　名
特進・普通・商業・デザイン		

評　点

※100点満点

1

		No. 1	No. 2	No. 3	No. 4	No. 5
1						
2		No. 1	No. 2	No. 3	No. 4	

		①	②	③	④	⑤	⑥
3	No.1						
	No.2	You can enjoy (					) in Yamagata.

1．２点×５
2．２点×４
3．No.1．２点×６
No.2．４点

2

1	あ		い		う			
2	A		B		C		D	
3								
4	[							]?
5								
6								

1．２点×３
2．２点×４
3．４点
4．完答４点
5．３点
6．４点
7．１点×５

【解答用

2023年度

理　科　解　答　用　紙

惺山高等学校

第一志望学科・コース	受検番号	氏　　名
特進・普通・商業・デザイン		

評　　点

1．3点　2．2点×2　3．式…2点　計算結果…3点

1	1	
	2	①
		②
	3	（式）
		（計算結果）　　m

1．⑴2点　⑵2点　⑶3点　2．3点×2

2	1	(1)　　N
		(2)　　N
		(3)
		(1)　　J

1．2点　2．2点　3．3点　4．2点　5．2点　6．2点　※100点満点

5	1
	2
	3
	4
	5
	6

2点×6

6	1	
	2	(1)
		(2)
		(3)

【解答用

2023年度

社 会 解 答 用 紙

惺山高等学校

第一志望・学科コース名	受検番号	氏　　名
特進・普通・商業・デザイン　コース		

評　　点

※100点満点

1

問1	問2
月　　日　午前 午後　　時	

↑ 解答時には、いずれかに〇をつけなさい。

問1．3点
問2．2点
問3．2点
問4．2点
問5．2点
問6．2点
問7．2点
問8．2点

問3	問4	問5	問6	問7	問8

2

2点×8

問1	問2	問3	問4	問5	
					県

問6	問7	問8

3

2点×8

問1	問2	問3
⇒　⇒　⇒		

問4	問5	問6	問7	問8

【解答用

２０２３年度　　**数学解答用紙**　　惺山高等学校

第一志望学科・コース	受検番号	氏　　名
特進・普通・商業・デザイン		

評　　点

※100点満点

4点×4

1

(1)		(2)		(3)		(4)	

4点×7

2

(1)	$x=$	(2)		(3)			
(4)	$\angle x=$ °	$\angle y=$ °	(5)		(6)	人	

(1)3点×2　(2)2点×2

3

連立方程式	Bさんの得点
	点

【解答

三

問三	問四			問五
	A	Ⅰ	Ⅱ	
	B			

問一．２点×２
問二．２点
問三．２点
問四．Ａ，Ｂ．２点×
Ⅰ，Ⅱ．４点×
問五．２点

四

①	②	③	④	⑤

⑥	⑦	⑧	⑨	⑩
	る	びる		

１点×10

五

100字

200字

240字

10点

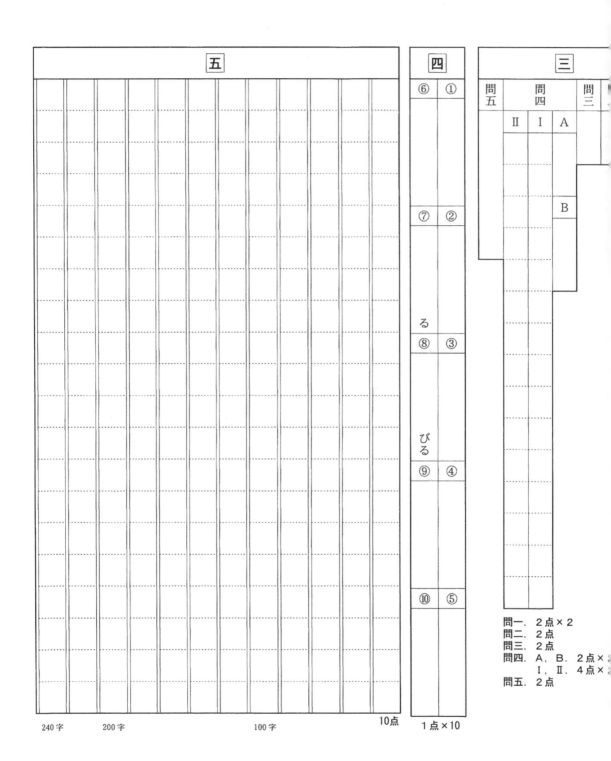

2023年度惺山高等学校入学者選抜学力検査問題 ※音声は収録しておりません

ただ今から、リスニングテストを行います。問題は、1から3までの3つです。聞いてる間にメモをとってもかまいません。

それでは1の問題から始めます。これから英文が2回読まれます。その内容に合うイラストを次のア～ウの中から記号で答えなさい。では始めます。

問題1

No.1

This is a place. We go there to study from Monday to Friday.

No.2

It will snow in the morning, but it will be sunny in the afternoon.

No.3

This is a sport. Players hit a ball and get points.It has nine players on a team.

No.4

This is a country. People speak English. This is an island country and famous for soccer.

No.5

I have a pet. He is very friendly and smart. I take him for a walk every day.

問題2

それでは2の問題です。これから対話文とそれに関する質問文が2回読まれます。質問の答えとして最も適切なものをア～ウの中から記号で答えなさい。では始めます。

No.1

A: How can I get to Sendai Station?

B: Oh, you should take the Senzan Line.

A: Umm, the train has stopped because of heavy rain. Can I go there by bus?

B: Of course, you can.

Question: How will he go to Sendai station?

1　(あ)～(う)に入る適切な前置詞を書きなさい。

2　本文中の(　A　)～(　D　)に入る最も適切な英文をア～エの中から選び、記号で答えなさい。ただし、同じものは二度使えません。

ア　I think so, too.　　イ　I'd like to!　　ウ　Yes, I did.　　エ　I like it, too.

3　下線部(1)を日本語に直しなさい。

4　下線部(2)が「それが誰の城だったかを知っていますか」という意味になるように、[　　]内の語を並べかえなさい。

5　義明が訪れた順番として正しいものを選び、記号で答えなさい。

ア　金沢城 → 美術館 → 忍 者 寺 → 武家屋敷 → 市　　場 → 兼六園

イ　金沢城 → 美術館 → 忍 者 寺 → 市　　場 → 武家屋敷 → 兼六園

ウ　美術館 → 忍者寺 → 武家屋敷 → 市　　場 → 兼 六 園 → 金沢城

エ　美術館 → 忍者寺 → 市　　場 → 武家屋敷 → 兼 六 園 → 金沢城

オ　美術館 → 金沢城 → 忍 者 寺 → 市　　場 → 武家屋敷 → 兼六園

6　下線部(3)が表す内容を日本語で説明しなさい。

7　次のア～オの文が本文の内容に一致していれば○を、一致していなければ×をつけなさい。

ア　スティーブは石川を訪れたことがあるので「加賀百万石」という言葉を知っていた。

イ　スティーブは日本の漫画の影響で侍や忍者に興味がある。

ウ　スティーブは兼六園という日本庭園について知らなかった。

エ　義明は前田慶次に興味があり、何度か上杉神社を訪れたことがある。

オ　義明とスティーブは次の土曜日に上杉神社に行く約束をした。

3 次はアメリカメジャーリーグ(Major League)で初めて投手(pitcher)と打者(batter)の二刀流を成し遂げたベーブ・ルース(Babe Ruth)の物語です。英文を読んで、各問いに答えなさい。

A boy, George Herman Ruth, lived in a small town in Maryland of America. George's father had his own shop. His father and mother worked for long hours every day to keep their business. (1)<u>They were ( ) busy ( ) take care of their son.</u> George was a bad boy who always played with his bad friends. His mother was always very sorry to hear bad news from his son, so she took his son to *St. Mary School. She told him to stay and study in the school for several years. So he began to live with his school friends *apart from his parents when he was seven. It was very sad for him, but this changed his life.

One good thing at St. Mary's was meeting Mr. Mathias. He spent much time with George. He supported George very much and taught him many things: for example, how to be a good student and how to do well in *society. One of the best things to learn from him was baseball. One day, boys played baseball with Mr. Mathias. George watched the boys and their teacher, *copied their actions and seemed to enjoy watching their baseball. Then, Mathias saw George and decided to play baseball with him.

Baseball was the most popular for the boys at St. Mary's. (2)<u>Mathias asked George ( ) he thought about baseball.</u> He soon answered, "Yes! I want to play together." He began to play it and soon he showed (3)<u>good</u> performance at a very young age than other older boys in his school. He could play all *positions on the baseball field. He had a great *ability to hit the ball and (4) had one to be a good pitcher. He was known to other players near his school and became a famous player both as a pitcher and a batter.

Several years passed. He made great steps at the age of nineteen. On February 27, 1914, Jack Dunn, a *manager of *the Baltimore Orioles came to George and told him to become a professional baseball player and a member of the Orioles. Jack Dunn was well known for finding young players who would show nice performances in baseball. On George's first day of Baltimore, he came with Dunn to the baseball field. The other players welcomed him. As a joke, one of his teammates said, "Well, here's Jack's newest Babe." They also started calling George "Babe." This meant "baby," and it became a nickname of his life. The story of Babe Ruth began from here.

In 1918, Major League had only 95 games, because of World War I. It was 30 games less than before. But he won 13 games as a pitcher and had 11 homeruns. Babe Ruth became one of the best players in the history of baseball.

He also came to Japan to play several baseball games. He and his great teammates were very welcomed then. He is also famous in Japan now. And after 100 years of his playing, one Japanese player plays baseball both as a batter and a pitcher like Babe Ruth. His name is Shohei Otani.

注
St. Mary School （全寮制の）セントメリー学校　apart from ～から離れて
society 社会　copy まねる　position ポジション　ability 能力　manager 監督
the Baltimore Orioles （アメリカメジャーリーグの）ボルティモア・オリオールズ

1　下線部(1)が「彼らはあまりに忙しく、息子の面倒を見られなかった」という意味になるように（　）内に適切な語を入れなさい。

2　St. Mary School での生活について本文の内容に一致するものを２つ選び記号で答えなさい。

ア　George felt sad living in St. Mary School without his parents.

イ　George couldn't stop playing with his bad friends in St. Mary School.

ウ　George's school life finished when he became seven years old.

エ　Mr. Mathias supported George, so he always got very good scores on his tests.

オ　Mr. Mathias gave George some advice about life in school and society.

3　Mr. Mathias はなぜ George と野球をしようと決めたのか、日本語で説明しなさい。

4　下線部(2)が「マシアス先生は野球についてどう考えているかジョージにたずねた」という意味となるように、（　　）に最も適切な語を語群から選び記号で答えなさい。

【 語群　（ア）how　　（イ）when　　（ウ）where　　（エ）what 】

5　下線部(3)の good を適切な形にしなさい。

6　文の内容から判断して、（　4　）に最も適切な語を語群から選び記号で答えなさい。

【 語群　（ア）in　　（イ）over　　（ウ）also　　（エ）like 】

7　次の英文はストーリーの一部を簡潔に説明したものです。空欄の a～d に入る語句の組み合わせとして正しいものをア～エから１つ選び、記号で答えなさい。

George was a (　a　) player as a pitcher and a batter in his school days.　One day, (　b　) came to his school.　He was well known for finding good new players.　He told George to be a member of the Baltimore Orioles.　When George came to the home field for the (　c　) time, his (　d　) called him "Babe."　It is the start of his nickname, Babe Ruth.

	a	b	c	d
ア	popular	Mr. Mathias	next	manager
イ	famous	Jack Dunn	first	teammates
ウ	popular	Jack Dunn	next	manager
エ	famous	Mr. Mathias	first	teammates

8　本文の内容に関する次の問いに英文で答えなさい。

①　Why did Major League have only 95 games in 1918?

②　How many games did Babe win as a pitcher in 1918?

③　Did Babe play baseball with his teammates in Japan?

④　Who is the next player like Babe Ruth?

9　「自分の好きなスポーツ選手」について、理由を含めて２文以上の英文で述べなさい。

2023(R5) 惺山高
K 教英出版

2022年度

惺山高等学校入学者選抜

学力検査問題

国　　語

(9：30　～　10：20)

注　意

1 「開始」の合図があるまで、開いてはいけません。

2 問題は6ページまであります。

3 「開始」の合図があったら、まず、解答用紙の第一志望学科・コースに丸を付け、受検番号・氏名を書きなさい。

4 答えは、すべて解答用紙に書きなさい。

5 「終了」の合図で、すぐ鉛筆をおき、解答用紙を裏返しにしなさい。

※配点は国語の最後のページにあります

一　次の文章を読んで、後の問いに答えなさい。

「さて、じゃあ、今日も見せてもらおうかな」

　と、湖山先生はにこやかに話しかけた。僕は一礼してから絵を描き始めた。僕が描ける絵は一つしかないので、それを描くだけだ。

　筆に濃墨を含ませて、根元を逆筆で作り、韮《にら》の葉っぱのような鋭い線を葉先に向かって作っていく。

　真っ白な紙に墨のアーチができる。

　真っ白な空間に、ポツンと一枚の葉が浮いている。その鋭く長い一枚に寄り添うように二筆目。さっきの葉っぱの方向とはまるで反対のほうへ線を引いていく。二つのアーチはそれぞれの方向へ向かって伸びて、アーチとアーチが重なる根元には切り込みを入れたような小さな隙間ができている。その場所を切り裂くように三筆目を引く。そこからは夢中だった。とにかく形になっていくように願いながら、葉を画面のなかで構成していった。そして、この前、湖山先生がやっていたのを真似て薄墨で花を描き、最後に点を花の周りに足して一枚を終えたけれど、出来上がったものは、かろうじて花と葉っぱが付いて何とか植物に見える程度の拙《つたな》い絵だった。

　とにかく一枚を描き終えて、①恐る恐る差し出すと、湖山先生は、

「よくがんばったね」

　と言った。何をがんばったのか自分でもよく分からない。ただただ夢中で手を動かしていただけだ。湖山先生は筆を取って、もう一度技術を見せてくれた。湖山先生はいつもの［　Ⅰ　］のような素早い筆ではなく、［　Ⅱ　］と話すような速度で絵を描いた。

　僕はその解答編のような技術を、ａ目を皿のようにして記憶にとどめていた。なぜ、同じようにならないのだろう？

　何が違って、こんなにもうまくいかないのだろう？

　という想いが、先生の手順のすべてを見逃すまいという気持ちに変わった。一方で湖山先生の解答が、手によって示されることが楽しみでもあった。先生は、僕の表情を見て②何だか嬉しそうに笑っていた。

「そんなに心配しなくてもいいよ。君はよくやってる。ちゃんと練習してきていたね」

「は、はい。とにかく描き続けました」

「それでいいんだよ。最初はセンスとか才能とかそんなのは何も関係ない」

問一　――部①について、「恐る恐る差し出」した理由を、三十字以内で答えなさい。

問二　空欄［　Ⅰ　］に入る四字熟語として最も適切なものを、次のア～オから一つ選び記号で答えなさい。また、空欄［　Ⅱ　］に入る語句を本文から抜き出して書きなさい。

ア　以心伝心　　イ　一石二鳥　　ウ　電光石火

エ　馬耳東風　　オ　単刀直入

問三　＝＝部ａ・ｂのこの場面での意味として適切なものを、次からそれぞれ選び記号で答えなさい。

ａ

ア　強く怒る

イ　安心する

ウ　驚きあきれる

エ　すぐに諦める

オ　注意深く観察する

ｂ

ア　比べるまでもない

イ　とるにたらない

ウ　選びきれない

エ　やりきれない

オ　信じがたい

問四　――部②について、先生が笑っていた理由として最も適切なものを、次のア～オから一つ選び記号で答えなさい。

ア　「僕」の表情から向上心を感じ取ることができたから。

イ　「僕」に対し技術の差を見せつけることができたから。

ウ　「僕」よりも上手に植物の絵を書くことができたから。

エ　「僕」の作品から優れた才能を感じ取ることができたから。

オ　「僕」のころころと変わる表情におもしろさを感じたから。

「センスとか才能とかってあまり関係ないのですか?」
「少なくとも最初は、あまり関係がない。できるかどうかは分からない。でもとにかくやってみる。それだけだよ」
「とにかくやってみる……ですか」
どこかで聞いたような言葉だ。
「才能やセンスなんて、絵を楽しんでいるかどうかに比べればどうということもない」
「絵を楽しんでいるかどうか……」
「水墨画ではそれを気韻《きいん》というんだよ。気韻生動《せいどう》を尊《たっと》ぶといってね、気韻というのは、そうだね……筆致の雰囲気や絵の性質のこともいうが、もっと端的にいえば楽しんでいるかどうか、だよ」
「芸術性ということですか?」
「いや。それとも少し違うかもしれない。もっと純粋にその人の心がどれくらい清らかで伸びやかで生き生きと描かれているかどうか、ということが水墨画の最大の評価になってくるんだ。見どころといってもいいかもしれない。形や技術なんてそれに比べれば b枝葉にすぎない。絵にとっていちばんたいせつなのは生き生きと描くことだよ。そのとき、その瞬間をありのままに受け入れて楽しむこと。水墨画では少なくともそうだ。筆っていう心を掬《すく》いとる不思議な道具で描くからね」
話しながらも手はスラスラと進んでいく。
葉を描く技法の速度やタイミングを僕は目に焼き付けていた。筆が腕の動きを伝って、ゆるやかに弧を描いていく動きは、見ているだけで目が惹《ひ》きつけられる。ただ単に腕を振り抜く、ということではなく、手と筆がそもそも一つであったかのような収まりの良さのうえに、力が抜けている。とても集中しているのに、何処までも力が抜けている、という奇妙な感覚が、筆を握った手と腕の動きだけでこちらの内側まで伝わってくる。③『筆という心を掬いとる不思議な道具』で、こんな感覚をみせられるということは、湖山先生の心の在り方がこんなふうに心地よくできているということなのだろうか。それはどんなに幸せな心持ちなのだろう。
技術を凝視しているつもりだったのに、湖山先生が描いている空気感そのものに僕は吸い込まれていく。ずっと見ていたい。④ずっとこの瞬間の中に浸っていたい。そんな思いが湖山先生のゆったりとした筆致から伝わってきた。
(『線は、僕を描く』砥上裕將)

問五 ——部③の表現について、五人の生徒A～Eはそれぞれ次のような意見を述べました。このうち本文の内容に最も適しているものを一つ選び、記号で答えなさい。

A 「湖山先生は道具にかなりこだわっているんだね。道具の良し悪しが作品の出来映えに影響を与えるのかな。」
B 「綺麗な心じゃないといい絵は描けない。筆は心の中にある悪い部分を掬い取るための道具なんだろうね。」
C 「筆で描けば描くほど、その人の心は清らかになっていくんだね。だから湖山先生の心も清らかなんだ。」
D 「湖山先生は水墨画の本質を心の表れと考えているんじゃないのかな。筆は心の状態が現れやすい道具なんだと思うよ。」
E 「自分の精神状態にあった筆を選ぶことで、相手の心にも届くような作画ができるんだね。」

問六 ——部④について、このように感じた理由を次のようにまとめました。空欄に入る語句を、本文中より抜き出して答えなさい。ただし、Aは四字、Bは三字、Cは四字で答えること。

（　A　）の水墨画を描く（　B　）が、とても（　C　）感じられたから。

二　次の文章を読んで、後の問いに答えなさい。

心の働きには大きくふたつの水準があります。

ひとつは感情で、もうひとつは①思考です。

感情は心の全体的な動きで、ある傾向を表します。なんとなく好き、なんとなく嫌い、なのであって理由ははっきりしません。［Ⅰ］なんとなく憂鬱《ゆううつ》であり、なんとなく楽しいので、なぜこう憂鬱なのか、なぜこう楽しいのか、感じている本人自身にもはっきりしないものです。

［Ⅱ］、思考は心像という心理的な単位を縦に並べたり、横に並べたりして、それらの間に関係を作り上げる働きです。感情と違って、「心像」というある程度形あるものを相手にします。思考というと哲学者が何か難しい問題を考えている時の心の働きであって、「自分には関係ない」と思われるかもしれませんが、筆者がいう思考は決してそんな難しいことではありません。われわれは誰でも、朝から晩まで思考を働かせているのです。

米国で大人気の新聞ａレンサイ漫画にビル・ワッターソンという人の「カルビンとホッブス」というものがあります。このカルビンというなんともかわいい悪ガキは算数が大の苦手で、作文が苦手で、とにかく勉強が苦手です。教室ではｂトナリにスージーという賢い子が座っていて、しょっちゅういざこざを起こしています。この間もスージーに「この宿題してくれたら二五セントあげる」と持ちかけていました。スージーが二倍だったら引き受けると挑発すると、「わかった。じゃ三五セントだね」と、算数の苦手なところをｃ暴露して、またまたスージーに馬鹿にされていました。

この、「二五セントを二倍するとどうなるか」という問いの答えを見つけるのが「考える」ということです。カルビンは「二五の二倍」を「三五」と考えたわけですね。

あるいは、苦手の宿題を与えられて「スージーにお金をやって、この宿題をやらせよう」というのも、〔②〕です。

わかる・わからないについて言えば、25×2=35 と考えているわけですから、「わかっていない」わけですが、そのことについては今は考えないことにしましょう。

「スージー＋二五セント＝宿題完成」という筋書きも、実はスージーにはあてはまらない筋書きなのですが、カルビンの考えはそこまでは回転しません。

この四コマ漫画に出てくる、「宿題」「二五セント」「二倍」「三五セント」「スー

問一　═══部ａ～ｄのカタカナは漢字を、漢字は読み方をそれぞれ書きなさい。

ａ　レンサイ　　ｂ　トナリ　　ｃ　暴露　　ｄ　万人

問二　───部①「思考」の内容として、適切ではないものを、次から一つ選び記号で答えなさい。

ア　数学の証明問題を解くこと。
イ　漢字をただ繰り返し書き写し、暗記すること。
ウ　英語の文章を、辞書を活用し日本語訳すること。
エ　良い点数を取るために、年号を語呂合わせで暗記すること。

問三　空欄［Ⅰ］～［Ⅳ］にあてはまる語句を次から一つずつ選び、記号で答えなさい。なお、同じ語句を二回使うことはできません。

ア　したがって　　イ　しかし　　ウ　いっぽう
エ　とはいえ　　オ　あるいは　　カ　では

問四　〔②〕・〔③〕にあてはまる語の組み合わせとして正しいものを、次から一つ選び記号で答えなさい。

ア　②心像　③心像　　イ　②思考　③思考
ウ　②心像　③思考　　エ　②思考　③心像

問五　───部④について、「思考」とはどのような心の働きですか。本文中より四十五字以内で抜き出し、その最初と最後の四字を答えなさい。

ジー」などは、そのひとつひとつが、実はカルビンの頭に浮かんでいる〔　③　〕です。

カルビンは自分のかわいい頭の中でこれらの心像を結び合わせ、スージーに二五セントやれば、スージーは喜んで宿題をしてくれるだろうと、「宿題が無事出来上がった状態」を想像しているのです。④これが思考です。

Ⅲ 思考の単位になっている心像とはいったい何なのでしょうか？

心像は客観的事実ではありません。事実は自分のまわりに生起する出来事や、自分のまわりに存在する事物で、ｄ万人が認める現象です。実際に起こったこと、実際に起こること、実際にあるものです。

これに対し、心に思い浮かべることの出来るすべての現象を心像といいます。つまり心理的イメージです。ただ、イメージという表現はあまり正確ではありません。イメージは形あるもの、つまり図像を意味します。「二五セント」や「スージー」はたしかにイメージですが、「二倍」はイメージではありません。計算手続きについての約束事です。図像ではありません。二倍ならまだイメージ出来るかも知れませんが、千倍、万倍になると、イメージは作れません。実際、カルビンは二倍がちゃんとわかっていません。「宿題」も視覚化出来ない概念です。（中略）

太陽が東から昇り、西へ沈むのは、地球が自転しているせいで、太陽が動いているせいではありません。Ⅳ、われわれには太陽が昇り、太陽が沈むとしか見えません。動いているのは太陽であって、じっとしているのはわれわれです。

地球の自転は事実で、太陽が動くのは心像です。

事実は自分という心がなくても生起し、存在し続ける客観的現象です。心像は心がとらえる主観的現象です。

われわれの心の働きに重要なのは心像であって、客観的事実ではありません。心像を扱うのが普通の心の働きで、客観的事実は心にとってはあってなきがごときものです。もっと正確にいえば、われわれの心は心像しか扱えないのです。客観的事実を扱うには、普通の心の働きとは別の心の働きが必要です。われわれは地球が自転しているなどということは知らずに何万年も生きてきました。今だって、そんなことを知らずに生きている人はいっぱいいるはずです。⑤われわれは「太陽が昇る」「太陽が沈む」という事柄を心像化して経験出来ますが、「地球が自転している」という事実は経験出来ません。

（『「わかる」とはどういうことか――認識の脳科学』山鳥　重　ちくま新書）

問六 ――部⑤について、筆者がこのように考えている理由はなぜですか。本文中の表現を用いて二十字以内で説明しなさい。

問七 本文の内容を次の図のように整理しました。図中の（１）～（５）に適する語句を、本文中からそれぞれ漢字二字で抜き出して答えなさい。

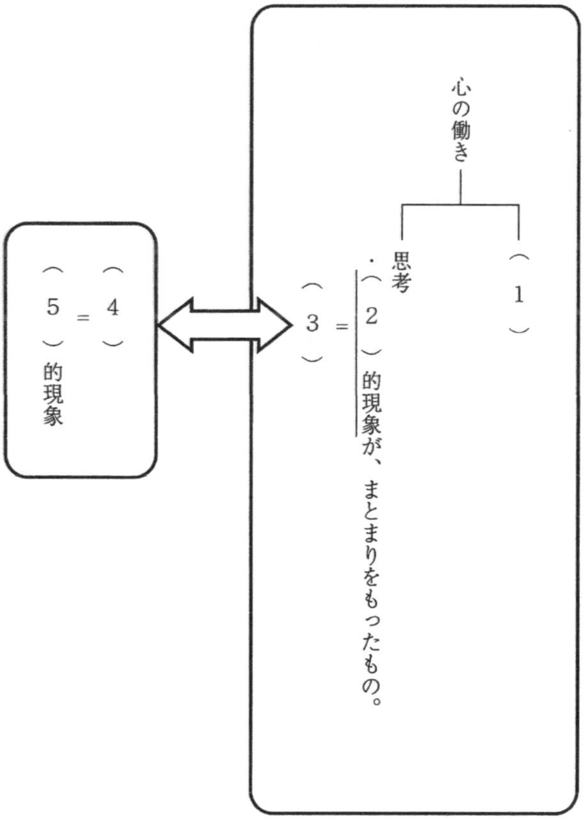

三　次の文章を読んで、後の問いに答えなさい。

長崎の御代官を勤めし高木助右衛門、祖父は市中の長なりしが、いたつて雷を嫌ひ雷の時の為とて穴室をこしらへ、なほ横穴を掘り、石槨をこしらへ置き、雷の強き折からは右石槨の内へ入りてしのぎけるが、身分結構に a 仰《おほ》せ付けられ候節、江戸表へ召され b 崎陽《きやう》を発駕しけるが、その留守夏の事なりけるが、〔　　　〕雷にて所々へ降りしが、右穴室の上へも落ちて、石槨を微塵になしけるを帰府の上見及びて、①おほやけのありがたきを弥増しに覚え、②それよりは運を感じけるや、雷を怖れ《怖れ》ざりし《なかった》とかや。

（『耳嚢』一部、読みやすく改めた）

※石槨……石でつくった部屋　　江戸表……江戸　　崎陽……長崎
　おほやけ……ここでは、幕府の命令のこと

四　――部について、カタカナは漢字を、漢字は読み方をそれぞれ答えなさい。

① 真珠などの宝飾品に見とれる。
② どの家も一様にひっそりとしている。
③ 念入りに歯をミガく。
④ ブケ屋敷を見学する。
⑤ 建物のコウゾウを調べる。

五　ピクトグラム（案内用図記号）とは、目で見るだけで情報理解を可能とする記号です。

資料Aは、「駐車場」を表す日本のピクトグラムで、二〇一七年に図柄が変更されました。資料Bは、新たに「華道」を表すピクトグラムを定めるとした場合の四つの候補です。

以上をふまえて、まとまりのある二段落構成の文章を書きなさい。ただし、第一段落には資料Aの図柄が変更された理由として考えられることを、第二段落には、資料Bの候補の中からあなたが最もふさわしいと考えるものを一つ選び、選んだ理由とともに書きなさい。

《注意》
◇題名は書かないこと。
◇二〇〇字以上、二四〇字以内で書くこと。
◇文字は、正しく整えて書くこと。

問一 ═══部a・bを現代かなづかいに直し、すべてひらがなで書きなさい。

a 仰せ（おほせ）　b 崎陽（きやう）

問二〔　〕に入る語句として最も適切なものを、次から一つ選び記号で答えなさい。

ア おびただしき　イ はなばなしき　ウ あらまほしき
エ かるがるしき　オ おぼつかなき

問三 ───部①について、「ありがたき」と感じた理由はなぜですか。三十字以内で答えなさい。

問四 ───部②とありますが、主人公はこの出来事を通してどのようなことを感じたのですか。最も適切なものを次から一つ選び記号で答えなさい。

ア 念入りに準備しておくことは大切だということ。
イ 偶然よりも運命を信じるようになった、ということ。
ウ 幸福になるか、不幸になるかは、わからないということ。
エ 十分に準備しても、自然の力にはかなわない、ということ。

資料A

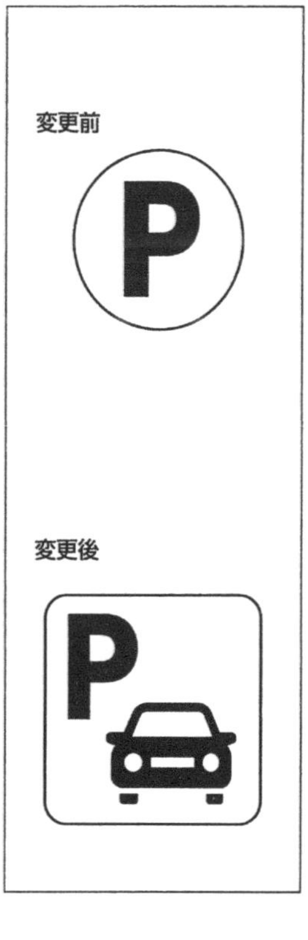

資料B

設問		配点
一	問一	4
	問二	各2
	問三	各2
	問四	3
	問五	3
	問六	各3
二	問一	各2
	問二	3
	問三	各2
	問四	3
	問五	3
	問六	4
	問七	各2
三	問一	各2
	問二	3
	問三	4
	問四	3
四		各2
五		10

2022年度

惺山高等学校入学者選抜

学力検査問題

数　　　学

（10：35　～　11：20）

注　　意

1　「開始」の合図があるまで、開いてはいけません。

2　問題は6ページまであります。

3　「開始」の合図があったら、まず、解答用紙の第一志望学科・コースに丸を付け、受検番号・氏名を書きなさい。

4　答えは、すべて解答用紙に書きなさい。

5　「終了」の合図で、すぐ鉛筆をおき、解答用紙を裏返しにしなさい。

※配点は数学の最後のページにあります

1 次の計算をしなさい。

（1） $(-3)+(-5)-(-6)$

（2） $\frac{1}{6}-\frac{1}{12}\times\frac{3}{2}$

（3） $\left(\sqrt{27}+\sqrt{48}\right)\div 7$

（4） $(2x+1)^2-(2x+1)(2x-1)$

2 次の各問いに答えなさい。

（1） 2次方程式 $x^2+5x-24=0$ を解きなさい。

（2） 2次方程式 $2x^2-7x+2=0$ を解きなさい。

（３）右の図において，４点Ａ，Ｂ，Ｃ，Ｄは円Ｏの円周上の点で，直線ＣＴは円Ｏの接線である。$\angle x$ の大きさを求めなさい。

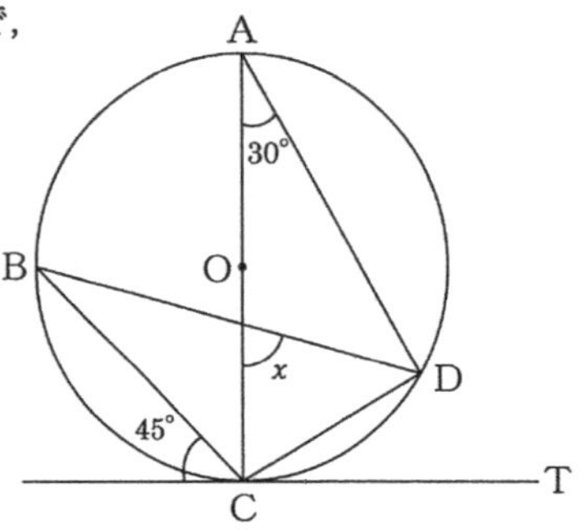

（４）$a=2$，$b=-3$ のとき，成り立つ等式を次の㋐～㋓から１つ選び，記号で答えなさい。

㋐　$a^2+2ab-3b^2=19$
㋑　$a^2+2ab-3b^2=-11$
㋒　$a^2-ab-2b^2=-8$
㋓　$a^2-ab-2b^2=-20$

（５）関数 $y=3x^2$ で，x の値が１から３まで増加するときの変化の割合を求めなさい。

（６）大小２つのサイコロを同時に投げるとき，出た目の積が８の倍数となる確率を求めなさい。

（7）下の資料は，ある中学校の10クラスが行った２分間で大《おお》縄《なわ》跳《と》びを跳んだ回数を表したものである。中央値を求めなさい。

クラス	1組	2組	3組	4組	5組	6組	7組	8組	9組	10組
回数（回）	133	106	118	88	134	124	96	128	142	112

3 校外研修で，博物館か美術館へ班ごと希望を取って研修に行くこととなった。５人の班と６人の班があり，班の数は合計すると27である。事前に研修先の希望を取ったところ，５人の班のうち$\frac{1}{3}$の班と６人の班のうち$\frac{2}{3}$の班が博物館を希望した。ところが当日，５人の班の１つが間違って美術館を訪問した。その結果，博物館を訪問した人数は，全生徒数のちょうど半数となった。このとき，次の各問いに答えなさい。

（1）５人の班の数をx，６人の班の数をyとして連立方程式を作りなさい。

（2）５人の班の数と６人の班の数をそれぞれ求めなさい。

4　図1のように，底面の半径が3cm，母線ＡＢの長さが6cmの円柱がある。点Ｏ，Ｏ’はそれぞれの底面である円の中心である。点Ｐは点Ａを出発し，円Ｏの円周上を一定の速さで動き，40秒間で一周する。点Ｑは点Ｂを出発し，円Ｏ’の円周上を一定の速さで点Ｐと逆の向きに動き，60秒間で一周する。

点Ｐ，Ｑが同時に出発するとき，次の各問いに答えなさい。

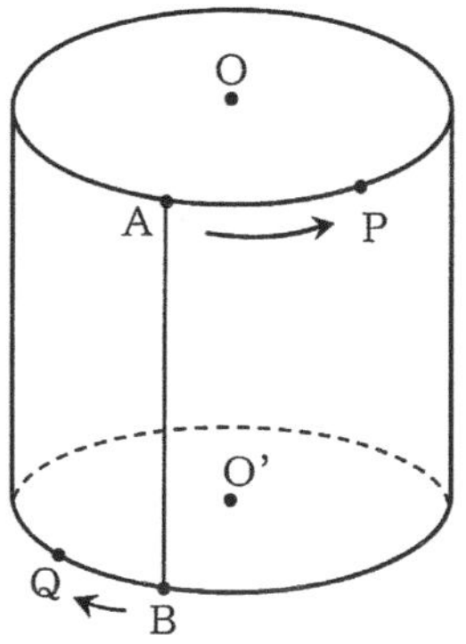

【図1】

（1）20秒後の線分ＡＰの長さを求めなさい。

（2）点Ｐが再び点Ａに戻ってきたとき，線分Ｏ’Ｑが動いたあとにできる扇形の中心角∠ＢＯ’Ｑの大きさを求めなさい。

（3）図2のように，線分ＰＰ’が円Ｏの直径となるように点Ｐ’をとる。点Ｐ’は点Ｐに合わせて円Ｏの円周上を動く点である。このとき，△ＰＰ’Ｑが，初めてＰＱ＝Ｐ’Ｑの二等辺三角形になるのは出発してから何秒後か求めなさい。

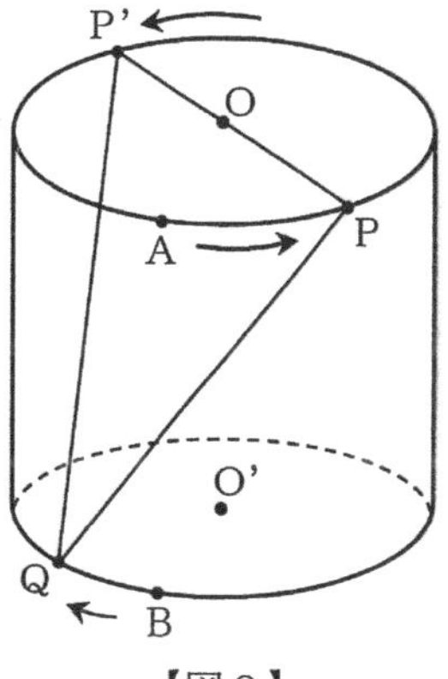

【図2】

（4）（3）のとき，線分ＰＱの長さを求めなさい。

5　右の図のように，①は関数 $y=\frac{1}{4}x^2$ のグラフである。①のグラフ上に３点Ａ，Ｂ，Ｃをとる。点Ａ（６，９），点Ｂは x 座標が正で y 座標が１，点Ｃは x 座標が－４である。次の各問いに答えなさい。

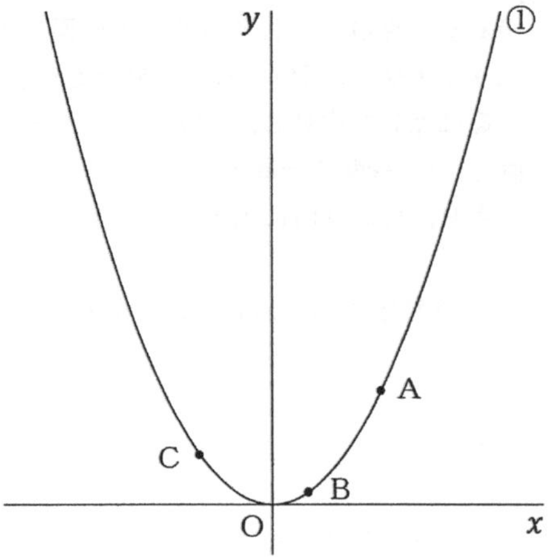

（１）点Ｃの座標を求めなさい。

（２）点Ｂの座標を求めなさい。

（３）ＡＤ＋ＤＢが最小となるように，点Ｄを y 軸上にとる。点Ｄの座標を求めなさい。

（４）△ＡＢＣ＝△ＡＢＥとなるように，点Ｅを①のグラフ上にとる。点Ｅの座標を求めなさい。
ただし，点Ｅは点Ｃと異なる点である。

6 右の図１において，四角形ＡＢＣＤは平行四辺形である。辺ＢＣの延長線上にＢＣ＝ＣＥとなる点Ｅをとり，点Ｅから線分ＡＢに引いた垂線と線分ＡＢの交点をＦとする。
　このとき，次の各問いに答えなさい。

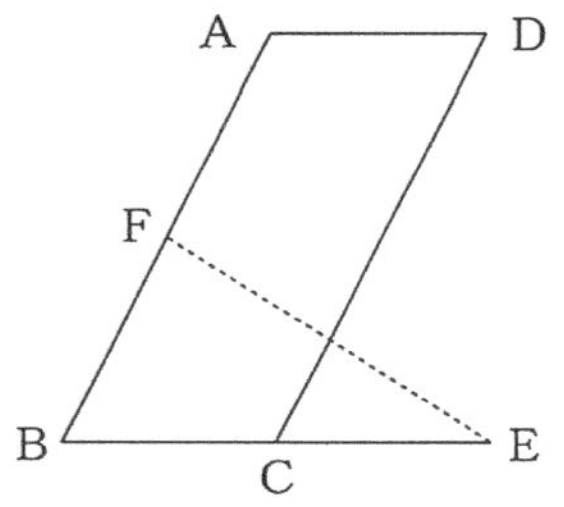

【図１】

（１）点Ｅから線分ＡＢに引いた垂線を定規とコンパスを使って作図しなさい。ただし，作図に使った線は残しておくこと。

（２）図２のように，線分ＣＤと線分ＥＦの交点をＧとする。このとき，△ＤＥＦは二等辺三角形であることを以下のように証明した。（ａ）～（ｅ）の中にあてはまるものを下の語群から選び，記号で答えなさい。

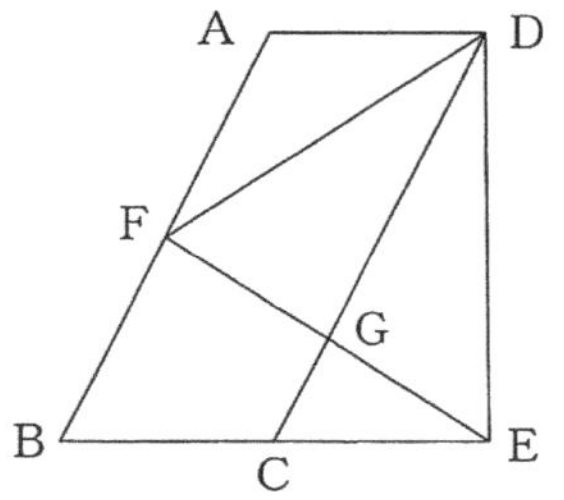

【図２】

【証明】
△ＤＧＦと△ＤＧＥにおいて
共通な辺より，ＤＧ＝ＤＧ　……………… ①

平行四辺形の対辺は平行であるから，ＡＢ//ＤＣである
平行線の同位角は等しいので，∠ＡＦＧ＝［（ａ）］＝ 90°
［（ａ）］＝ 90° より，［（ｂ）］＝［（ａ）］　………………………… ②

また，ＡＢ//ＤＣより，ＢＣ：ＥＣ＝［（ｃ）］：［（ｄ）］　…………… ③
③，およびＢＣ＝ＥＣより，［（ｃ）］＝［（ｄ）］　……………………… ④

①，②，④より，［（ｅ）］から，△ＤＧＦ≡△ＤＧＥ
合同な三角形では，対応する辺の長さが等しいので，ＤＦ＝ＤＥ
したがって，△ＤＥＦは二等辺三角形である

（証明終わり）

【語群】

（ア）∠ＧＣＥ	（イ）∠ＤＦＧ	（ウ）∠ＤＧＥ	（エ）∠ＤＧＦ	（オ）∠ＦＤＧ
（カ）ＢＦ	（キ）ＤＧ	（ク）ＦＧ	（ケ）ＣＧ	（コ）ＥＧ

（サ）３組の辺がそれぞれ等しい　（シ）２組の辺とその間の角がそれぞれ等しい
（ス）１組の辺とその両端の角がそれぞれ等しい

設　問	配点基準
1	各４点
2	各４点
3	連立方程式 各３点 解答各２点
4	各４点
5	各４点
6	(1) ４点 (2) 各２点

2022年度

惺山高等学校入学者選抜

学力検査問題

社　　　会

（11：35　～　12：20）

注　　意

1　「開始」の合図があるまで、開いてはいけません。

2　問題は7ページまであります。

3　「開始」の合図があったら、まず、解答用紙の第一志望学科・コースに丸を付け、受検番号・氏名を書きなさい。

4　答えは、すべて解答用紙に書きなさい。

5　「終了」の合図で、すぐ鉛筆をおき、解答用紙を裏返しにしなさい。

※配点は社会の最後のページにあります

1 地図を見て、あとの問いに答えなさい。

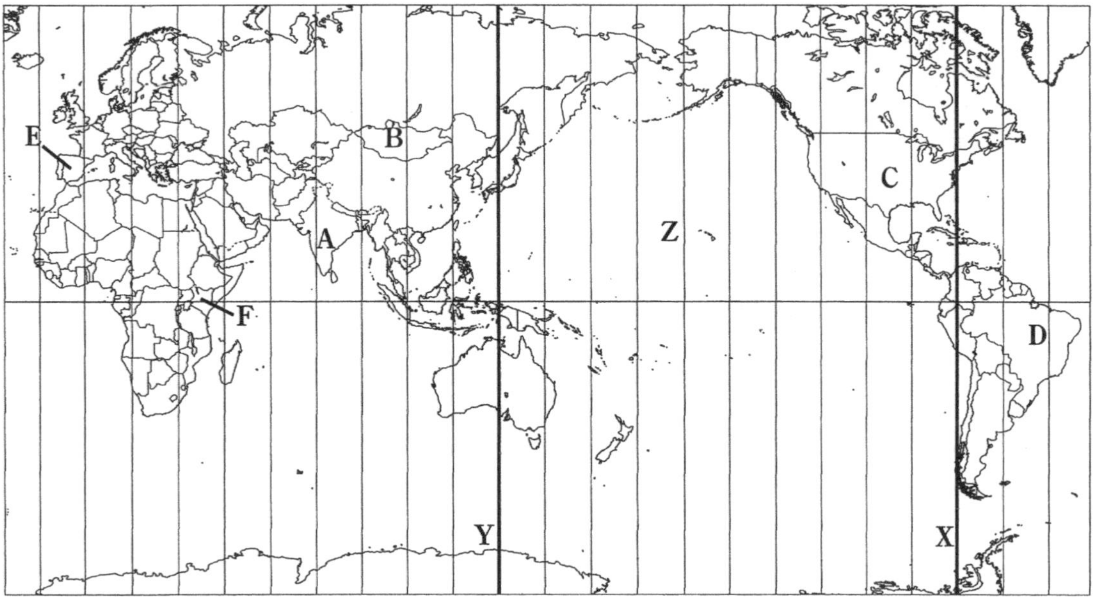

問1　地図中Ｚの大洋名を何といいますか、答えなさい。

問2　地図中の経線Ｙは、日本の標準時子午線です。経線Ｘは、東経または西経何度になりますか、答えなさい。地図中の経線は、本初子午線を基準として、等間隔で表しています。

問3　右の写真は、地図中Ａ国で人々が沐浴している様子です。Ａ国で最も多くの人が信仰している宗教と、河川の組み合わせとして正しいものを、次のア～エから１つ選び、記号で答えなさい。

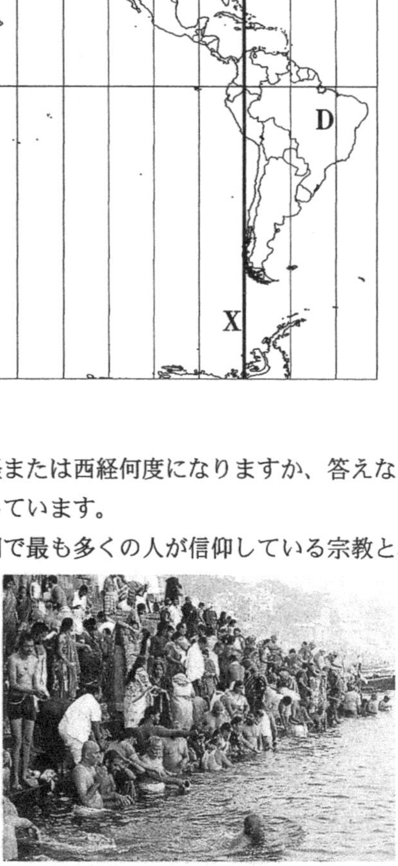

	宗教名	河川名
ア	仏　　教	メコン川
イ	仏　　教	ガンジス川
ウ	ヒンドゥー教	メコン川
エ	ヒンドゥー教	ガンジス川

問4　地図中Ｂ国の高原では、遊牧民が生活しています。彼らの住居として正しいものを、次のア～エから１つ選び、記号で答えなさい。

ア	イ	ウ	エ

問5　地図中Ｃ～Ｆ国の農業について説明した文として正しいものを、次のア～エから１つ選び、記号で答えなさい。

ア　Ｃ国では、フィードロットという農場で、大規模な灌漑農業が行われている。

イ　Ｄ国では、大規模な機械化による農業が進み、大豆が主な輸出品となっている。

ウ　Ｅ国では、夏の高温湿潤な気候を活かして、天然ゴムや油やしが生産されている。

エ　Ｆ国では、標高の高い所でカカオが栽培され、その多くが国内で消費されている。

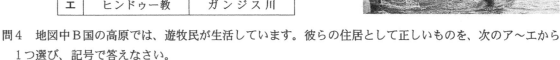

問6　図1は、地図中C国の鉱産資源の産出が多い場所を示したものです。それぞれの場所で産出量が多いものの組み合わせとして正しいものを、次のア～カから1つ選び、記号で答えなさい。

	●	△	■
ア	石　油	石　炭	鉄鉱石
イ	石　油	鉄鉱石	石　炭
ウ	石　炭	石　油	鉄鉱石
エ	石　炭	鉄鉱石	石　油
オ	鉄鉱石	石　油	石　炭
カ	鉄鉱石	石　炭	石　油

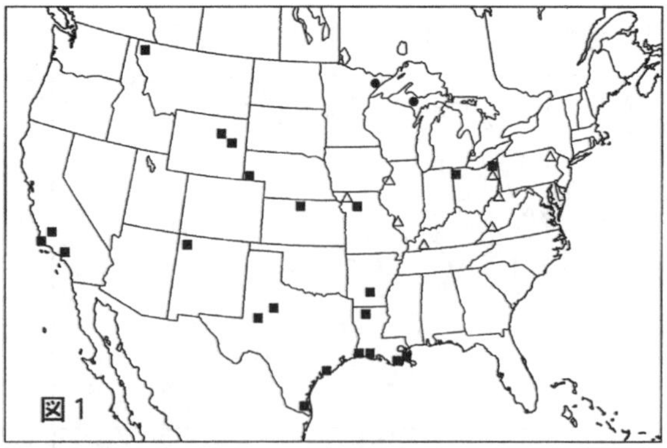
図1

問7　下文の空欄に入る語句として正しいものを、次のア～エから1つ選び、記号で答えなさい。

EUのように、地域の国々が政治や経済などの連携を強めようとする動きは世界各地でみられる。［　　　］は、地図中Zの沿岸地域の経済の協力関係をより活発にする取り組みであり、日本も加盟している。

ア　ASEAN　　イ　WTO　　ウ　APEC　　エ　NAFTA

問8　下表は、地図中A・C・D国とオーストラリアの、国の対日貿易額と主な日本への輸出品（割合）を表しています。このうち、D国に当てはまるものを、次のア～エから1つ選び、記号で答えなさい。

	対日貿易額（億円）（2020年）		主な日本への輸出品（%）（2020年）
	輸出額	輸入額	
ア	5,046	9,709	有機化合物（16.4%）　石油製品（13.1%）　機械類（10.2%）　魚介類（8.4%）
イ	74,368	126,121	機械類（25.9%）　医薬品（7.5%）　肉類（5.5%）　とうもろこし（3.0%）
ウ	38,211	12,954	液化天然ガス（33.8%）　石炭（26.8%）　鉄鉱石（14.1%）　肉類（5.1%）
エ	8,000	3,154	鉄鉱石（38.2%）　とうもろこし（15.1%）　肉類（10.9%）

（日本国勢図会 2021/22より作成）

2　しゅん君ときょうたろう君は、夏休みにそれぞれ北海道・東北地方と近畿地方に旅行に行きました。これらの地域について、あとの問いに答えなさい。

問1　しゅん君は北海道・東北地方について調べました。

(1)　地図中a～gのうち、道県名と道県庁所在地名が異なるものをすべて選び、記号で答えなさい。

(2)　下の雨温図は、地図中A～Cの都市のものです。都市Bの雨温図に当てはまるものを、ア～ウから1つ選び、記号で答えなさい。

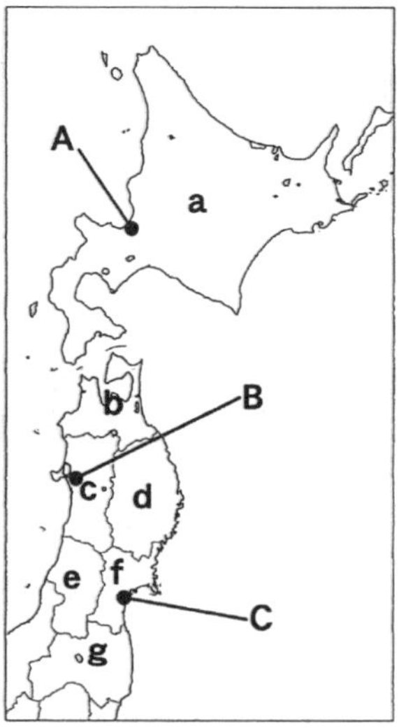

ア　　　　イ　　　　ウ

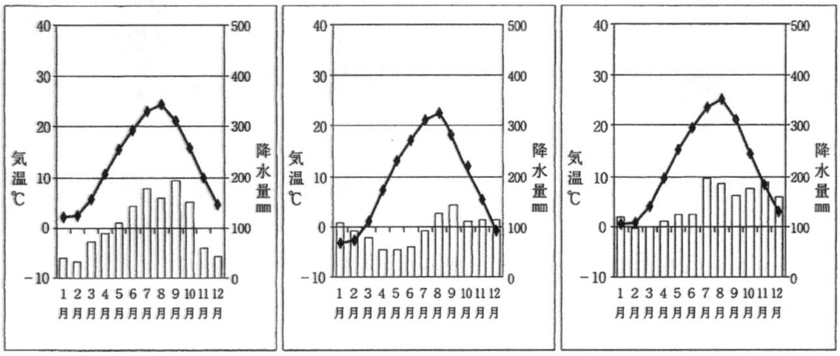

（日本国勢図会 2021/22より作成）

(3) 右の写真は「竿燈《かんとう》まつり」の様子です。提灯《ちょうちん》を米俵に見立て、米の豊作を祈る祭りです。この祭りが行われている道県名を答えなさい。

また、その道県の位置を地図上のａ～ｇから１つ選び、記号で答えなさい。

(4) 右のグラフが示すように、東北地方の一部の県では、わかめの養殖業が盛んに行われています。この理由を、地形に着目し、「湾」という単語を使用して説明しなさい。

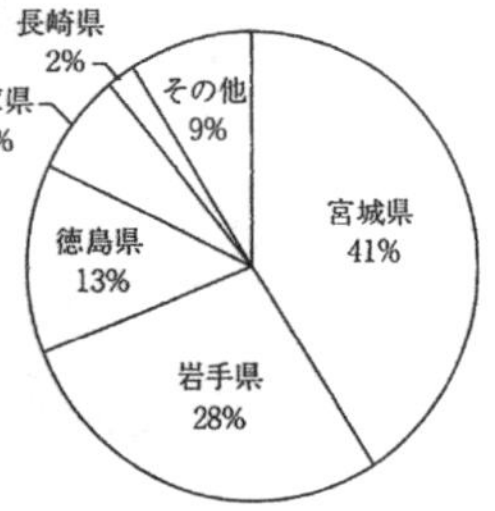

海面養殖業　わかめ類収穫割合(2019年)

(日本国勢図会 2021/22より作成)

問２　きょうたろう君は近畿地方について調べました。

(1) 下文のＸ・Ｙは、近畿地方の産業についてまとめたものです。ＸとＹの正誤の組み合わせとして正しいものを、次のア～エから１つ選び、記号で答えなさい。

Ｘ　大阪は江戸時代に「将軍のおひざもと」と呼ばれ、日本の商業の中心として発展した。

Ｙ　阪神工業地帯は数多くの自動車関連工業が集まり、日本最大の工業出荷額をほこっている。

	Ｘ	Ｙ
ア	正	正
イ	正	誤
ウ	誤	正
エ	誤	誤

(2) きょうたろう君は、自分も自然災害に備えておく必要があると考え、近畿地方で起きた自然災害を調べました。このように、自然災害による被害の予測や災害時の避難場所などを示した地図のことを何といいますか、答えなさい。

(3) 下表は、近畿地方の各府県に関する５項目の数値を示しています。奈良県に当たるものを、表中のア～エから１つ選び、記号で答えなさい。

府県名	人口 (万人) (2020年)	宿泊施設での宿泊者 (万人) (2020年)	宿泊施設 (施設数) (2019年)	国宝・重要文化財の指定件数 (件) (2019年)	スキー場 (施設数) (2019年)
大　阪	884.25	1,971	2,316	739	0
ア	257.99	1,389	4,873	2,421	0
イ	132.54	148	780	1,530	0
ウ	141.42	268	870	879	6
三　重	177.14	506	1,520	194	1
和歌山	92.3	339	1,377	429	0
エ	546.91	897	2,136	489	12

(2022年 データでみる県勢より作成)

3　社会科の授業で、ルミコさんは山形県の歴史ノートを時代順に作成しました。それぞれの資料を参考にして、あとの問いに答えなさい。

史料1

地球は温暖化が始まり、狩猟採集以外にも漁撈《ぎょろう》が行われるようになりました。

史料2

貴族や僧の間で勢力争いが激しくなり2度の遷都が行われ、以後400年間、時代が続きました。

史料3

寒河江八幡宮は、幕府と主従関係にあった大江氏との関わりが深い史跡です。

史料4

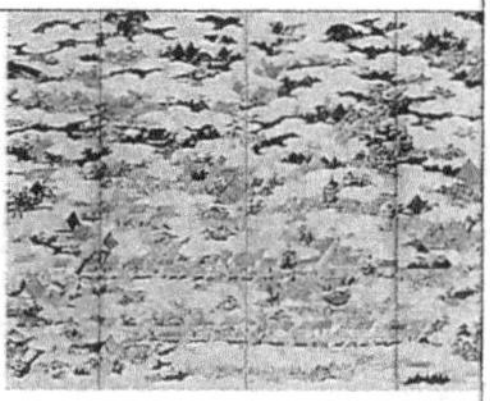

下剋上の風潮が広まり、各地の大名は分国法を定めて領地支配を行った。

問1　下の史料は、全国の史跡や名所を時代順に並べたものです。史料1は、ア～エのどの時代に当てはまりますか。ア～エから1つ選び、記号で答えなさい。

ア		イ		ウ		エ

問2　史料2が造られた頃、現在の山形県は何と呼ばれていましたか、答えなさい。

問3　史料2の波線部を実施した天皇名を、次のア～エから1つ選び、記号で答えなさい。

ア　聖武天皇　　イ　白河天皇　　ウ　嵯峨天皇　　エ　桓武天皇

問4　史料3の時代には、朝廷と幕府との間で大きな争いがありました。その後、幕府が朝廷の監視をするために作った役所を何といいますか、答えなさい。

問5　史料3と同時代の文化財はどれですか。次のア～エから1つ選び、記号で答えなさい。

ア	イ	ウ	エ

問6　史料4の時代に、将軍の後継者争いから大乱に発展しました。この出来事を何といいますか、答えなさい。

問7　右図は、史料4の中に描かれているお祭りの様子です。これは現代に伝わっています。このお祭りを次のア～エから1つ選び、記号で答えなさい。

ア　葵祭り　　イ　ねぶた祭り　　ウ　祇園祭　　エ　三社祭

問8　秀吉は、刀狩や太閤検地などを行い身分の区別を進めてきました。このことを何といいますか、答えなさい。

4 次の略年表は、日本と世界の近世から現代をまとめたものです。あとの問いに答えなさい。

年号	日本のできごと	世界のできごと
1612	幕府領でキリスト教が禁止される	
1637	a が起こる	イギリスやアメリカで市民革命が起こる
	幕府財政の改革ｃが行われる	
1825	幕府から b が出される	イギリスに技術革新が起こる
1853	ペリーが来航する	
	明治政府が富国強兵政策ｄを実施する	X　列強が世界各国に植民地を求め始める
1914	第一次世界大戦に参戦する	ウィルソン大統領が平和14か条の原則ｅを提唱する（1918年）
1951	日本の国際復帰が認められる	サンフランシスコ講和会議ｆが開かれる

問１　年表中ａ・ｂに入る語句の組み合わせとして正しいものを、次のア～エから１つ選び、記号で答えなさい。

ア　ａ…島原の乱　ｂ…異国船打払い令　　**イ**　ａ…壬申の乱　ｂ…生類憐みの令
ウ　ａ…応仁の乱　ｂ…異国船打払い令　　**エ**　ａ…島原の乱　ｂ…生類憐みの令

問２　波線部ｃについて、幕府は次々に政策を行っていきました。下の文は、それらを説明したものです。これらの改革を、歴史順に正しく並べなさい。

ア　物価の上昇を抑えるため、営業を独占している株仲間に解散を命じた。
イ　長崎貿易を活発にするため、銅の専売制や俵物の輸出を行った。
ウ　各地に倉を作り米を蓄えさせ、昌平坂学問所を作り朱子学以外の学問を禁じた。
エ　参勤交代を半減させる上米の制や、裁判基準となる公事方御定書を定めた。

問３　年表中ｂの頃の文化に当てはまる作品はどれですか。次のア～エから１つ選び、記号で答えなさい。

ア

イ

ウ

エ

問４　年表中ｂの頃、資料１のような動力を使って、様々な分野で技術革新が行われました。このできごとを何といいますか、答えなさい。

資料１

問５　年表中Ｘについて、各国の政府が掲げた政策を何といいますか、次のア～エから１つ選び、記号で答えなさい。

ア　資本主義政策　　**イ**　自由主義政策
ウ　帝国主義政策　　**エ**　社会主義政策

問６　波線部ｄについて、明治政府は資料２を発行して財源確保を行いました。これを何といいますか、答えなさい。

資料２

第九百拾八号
地券之證
一林拾三歩
持主　高柳平造
右検査之上授與之
群馬縣令河瀬秀治
大属秋葉邦相

問７　波線部ｅに刺激を受け朝鮮や中国では、日本に対する抗議運動が起きました。この考え方を何といいますか、次のア～エから１つ選び、記号で答えなさい。

ア　民族自決　　**イ**　民本主義　　**ウ**　集団的自衛　　**エ**　個別的自衛

問８　波線部ｆの後に、日本政府がアメリカと結んだ条約名を何といいますか、答えなさい。

5 生徒会活動をより活発にする話し合いの際に、タツヤ先生が下記の記事を取り上げ、生徒たちの活動に対する考えを深めさせました。あとの問いに答えなさい。

町政に意見、全国で注目
地元定着への効果も期待

遊佐町の中高生が若者目線でまちづくりを考える「少年議会」は来年、20年目を迎える。これまでの活動で町のイメージキャラクターを誕生させ、JR東日本にダイヤ改正を要望するなど、町議会にも引けを取らない提案を続け、町の施策として実現したケースもある。町政運営にもの申す中高生の姿は頼もしく、全国でも先進事例として注目されている。

町は若者が地域社会の中心として活躍することを目指して2003年4月、全国に先駆けて少年議会の取り組みを始めた。A［▽民主主義や社会の仕組みの体験学習▽若者の積極的な町政参加▽大人と子どもの学び合い］―が目的だ。定数は少年町長1人、議員10人で任期は1期1年。立候補者による選挙戦もある。町は事業運営や活動費などとして45万円を毎年、予算化している。B 歳出内容については町職員が当局側として提案し、議員たちが審議する。活動のメインは政策提言で、これまで帰宅時間に合わせたJR羽越本線の増便や通学路への街灯設置といった要望活動、特産品の開発、音楽イベントの企画立案などを行ってきた。

少年議会は、生徒たちが選挙C の仕組みを知る上での重要な役割も担っている。立候補できるのは町内在住か町内の学校に通う中高生。20年6月の改選では少年議員に16人（定数10）が立候補し、16年ぶりの選挙戦となった。

町の選挙管理委員会や議会事務局、教育委員会などで構成するプロジェクト会議が、候補者の主張や顔写真を掲載した「選挙公報」を遊佐町の中学と高校、酒田市の4高校の計6校に配布。これらの生徒が有権者となる。各校に投票所を設け、実際の選挙で使う投票箱で投票する。20年6月の選挙戦の投票率は87・93％。D 開票作業は町職員らで行い、少年議員経験者が立会人を務めた。

落選した生徒たちは監査委員や議会事務局などの役職に就き、議員と同様に活動。今年6月の改選では議員に11人が出馬したが、無投票で当選した少年町長が候補者の1人を副町長に任命したため、選挙戦にならなかった。議員は週1程度集まり、年3回の定例会に臨む。（後略）

（2021年12月12日 山形新聞より抜粋）

問1 右の図1は、国政に関係する機関をまとめたものです。地方自治体も、これらに似た機能を持っていますが、その中で持っていないものは何ですか、図1の中から答えなさい。

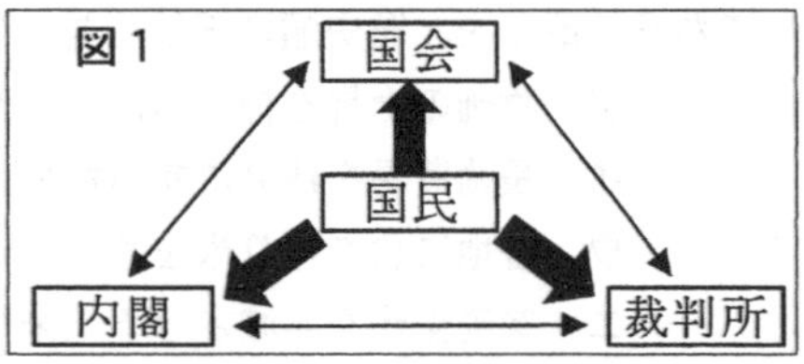

問2 この少年議会の設置にはA［　　］という目的があります。住んでいる地域の問題を自ら解決していくことから、地方自治は「○○主義の△△」と呼ばれています。○と△に入る語句の組み合わせとして正しいものを、次のア～エから1つ選び、記号で答えなさい。

	○○	△△
ア	社会	福祉
イ	民主	学校
ウ	民主	原則
エ	自由	学校

問3 傍線Bについて、右のグラフは国家の歳出を表したものです。グラフ内Xは、地方の財源を補填《ほてん》するために設けられています。このXを何といいますか、答えなさい。

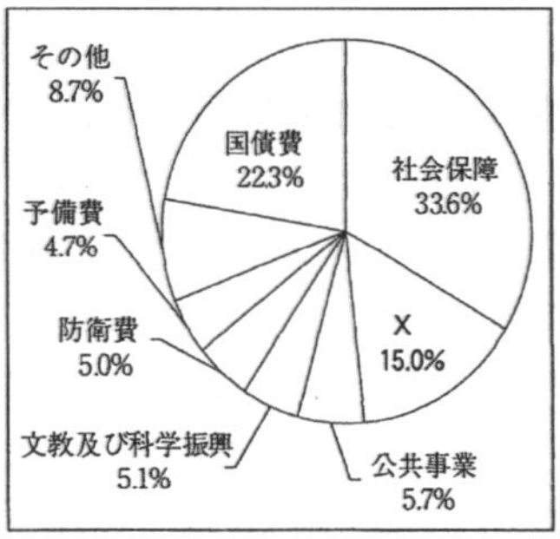

（日本国勢図会 2020/21より作成）

問4 傍線Cについて、下表は、解散から次の内閣が組閣されるまでを表したものです。表中の【1】～【4】について、正しい順番に並んでいるものを、次のア～エから1つ選び、記号で答えなさい。

衆議院の解散→【1】→【2】→【3】→【4】→国務大臣の任命

	【1】	【2】	【3】	【4】
ア	総選挙の実施	内閣の総辞職	内閣総理大臣の指名	特別国会の召集
イ	総選挙の実施	特別国会の召集	内閣の総辞職	内閣総理大臣の指名
ウ	内閣の総辞職	内閣総理大臣の指名	総選挙の実施	特別国会の召集
エ	特別国会の招集	内閣の総辞職	内閣総理大臣の指名	総選挙の実施

問５　地方自治では、有権者の３分の１以上の署名をある請求先に提出すると、住民投票を行わなければなりません。この「ある請求先」とはどこですか。前のページの新聞記事の中から請求先を見つけ出し、漢字７文字で答えなさい。

問６　この少年議会では、傍線Ｄという結果となりました。現在の自治体や国政の選挙では、ある課題を抱えています。その課題とは何ですか、答えなさい。

問７　近年、社会や技術の変化に伴い求められている新しい人権を、次のア～エから１つ選び、記号で答えなさい。

ア　生存権　　イ　請求権　　ウ　平等権　　エ　自己決定権

6　近年、経済活動と環境は、密接な関わりを持つようになり、世界各国が共通の問題として取り上げるようになってきました。新聞記事を読んで、あとの問いに答えなさい。

問１　記事にある発電は、2015年に国連で採択されたSDGsのどの項目に当てはまりますか。下の項目から１つ選び、番号で答えなさい。

※イラスト省略

庄内・狩川

風力発電施設 完成

3社建設　年間1.7万世帯分発電

庄内町狩川地区で地元企業3社が建設を進めてきた風力発電施設が完成し、合同竣工《しゅんこう》式が30日、同町の響ホールで行われた。稼働する風車計12基の合計年間発電量は1万7千世帯分に相当する約6万メガワット時で、県内最大規模となった。

（中略）

いずれも独エネルコン社製$_a$で高さ131メートル、出力は1基当たり1870キロワット。［事業費］は1社当たり約30億円。12月1日に本格稼働し、東北電力に売電する予定だ。

耕作不利地において、再生可能エネルギーを導入して地域活性$_b$を図る「町農山漁村再生可能エネルギー基本計画」に基づき整備した。1社につき毎年400万円を稼働の翌年度から20年間、町に寄付する。町は林道整備などに充てる。（後略）

庄内町の計画に基づき、民間３社が狩川地区に建設した風力発電施設

2021年12月１日
山形新聞より抜粋

問２　各国は、環境問題を解決するために様々な会議を開催してきました。その中で、最も新しく採択されたものを、次のア～エから１つ選び、記号で答えなさい。

ア　リオ宣言　　イ　ヘルシンキ議定書　　ウ　京都議定書　　エ　パリ協定

問３　右のグラフは、国内発電の変化を表したものです。帯グラフのような発電をまとめて何といいますか。新聞記事の中から適語を見つけて、９文字で答えなさい。

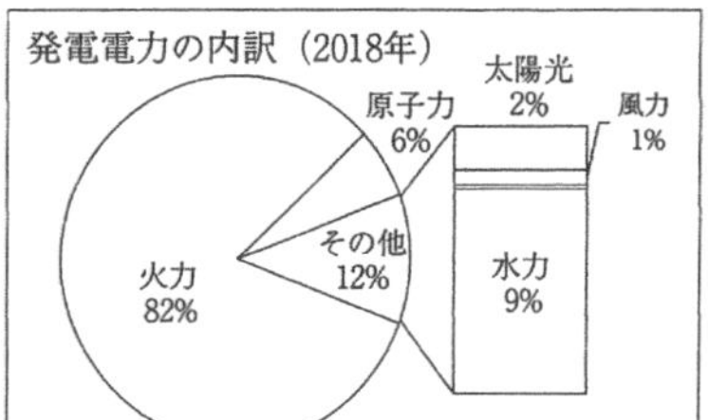

（日本国勢図会 2020/21より作成）

問４　日本企業の多くは、記事中［　　］の大半を銀行からの融資に頼っています。このことを何といいますか、答えなさい。

問５　キャッシュレス決済など、ＩＣＴ(情報通信技術)と金融機関が融合した新しい金融が増えてきました。このことを何といいますか、答えなさい。

問６　傍線ａを購入する際に、企業はいつ購入すれば良いですか。右のグラフのア・イから１つ選び、その理由も説明しなさい。

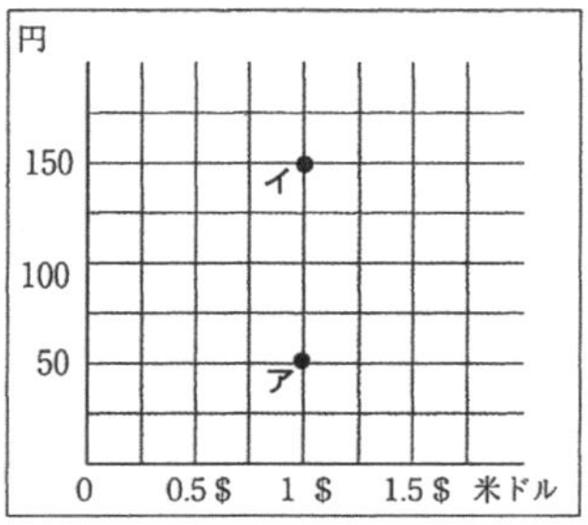

問７　下表のＸは、傍線ｂの労働力を補うために、近年、積極的に求められている労働力です。これは何ですか。答えなさい。

山形県の生産年齢人口と労働力Ｘの推移

（人）

	h.27	h.28	h.29	h.30	r.1	r.2
Ｘ	2,523	2,798	3,221	3,754	3,754	4,496
生産年齢人口	639,336	626,135	613,859	602,133	590,988	579,762

（山形県HP統計データより作成）

設問		配点
1	問1	2点
	問2	2点
	問3	2点
	問4	2点
	問5	2点
	問6	2点
	問7	2点
	問8	2点
		16点

設問		配点
2	問1(1)	3点
	問1(2)	2点
	問1(3)	2点
	問1(4)	3点
	問2(1)	2点
	問2(2)	2点
	問2(3)	2点
		16点

設問		配点
3	問1	2点
	問2	2点
	問3	2点
	問4	2点
	問5	2点
	問6	2点
	問7	2点
	問8	3点
		17点

設問		配点
4	問1	2点
	問2	3点
	問3	2点
	問4	2点
	問5	2点
	問6	2点
	問7	2点
	問8	2点
		17点

設問		配点
5	問1	2点
	問2	2点
	問3	3点
	問4	2点
	問5	3点
	問6	3点
	問7	2点
		17点

設問		配点
6	問1	2点
	問2	2点
	問3	3点
	問4	2点
	問5	2点
	問6	2点
		2点
	問7	2点
		17点

2022年度

惺山高等学校入学者選抜

学力検査問題

理　　　科

（13：10　～　13：55）

注　　意

1 「開始」の合図があるまで、開いてはいけません。

2 問題は７ページまであります。

3 「開始」の合図があったら、まず、解答用紙の第一志望学科・コースに丸を付け、受検番号・氏名を書きなさい。

4 答えは、すべて解答用紙に書きなさい。

5 「終了」の合図で、すぐ鉛筆をおき、解答用紙を裏返しにしなさい。

※配点は理科の最後のページにあります

1　光の進み方を調べるため、以下の実験をおこなった。次の各問いに答えなさい。

1．右図のように、光を空気中から水中へ進ませた。このときの反射角を図のア～オから一つ選び、記号で答えなさい。

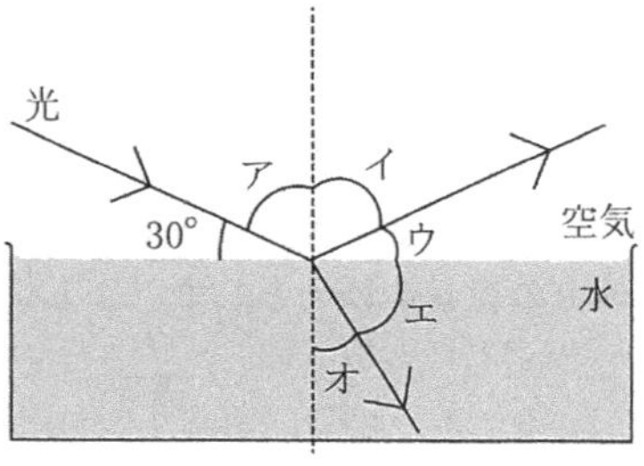

図

2．上問1において、反射角の大きさは何度か、答えなさい。

3．上図において、光が空気と水との境界面を通過するときに折れ曲がる現象が観察された。これを何というか答えなさい。

4．光を水中から空気中に入射させるとき、一定以上入射角が大きくなると空気中に進む光が見られなくなる現象が観察された。これを何というか答えなさい。

5．上問4の現象を利用したものとして適切なものはどれか。次のア～オから一つ選び、記号で答えなさい。

ア．ＬＥＤ　　イ．コンパクトディスク　　ウ．光ファイバー　　エ．スマートフォン
オ．リチウムイオン電池

2　水を入れた4本の試験管を準備し、ＡとＢにはオオカナダモの葉を入れ、ＣとＤにはなにも入れなかった。ＢとＤは試験管の外からアルミニウムはくでおおい、光が当たらないようにした。また試験管Ａ・Ｃ・Ｄにストローで息を吹き込み、ゴム栓でふたをした。その後、操作①②の順に実験をおこなった。下記の各問いに答えなさい。

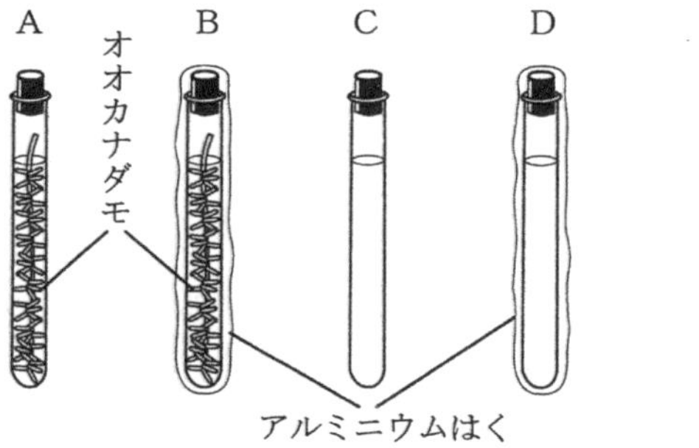

操作①　試験管Ａ～Ｄを日光の当たる環境下で8時間おいた。

操作②　Ａの試験管に石灰水を加えてよく振ると、透明なままで変化はなかった。その後、火のついた線香を近づけると線香の火は強くなった。
Ｂ・Ｃ・Ｄの試験管に石灰水を加えてよく振ると、白く濁った。その後、火のついた線香を近づけたが変化はなかった。

1．Ａの試験管内で発生したと考えられる物質を、下の語群より選び答えなさい。

2．Ｂの試験管内で発生したと考えられる物質を、下の語群より選び答えなさい。

3．Ａの試験管で、オオカナダモの葉を実験後に試験管から取り出し、熱湯に浸した後、エタノールに葉が白くなるまで浸した。その葉にヨウ素液を加えて顕微鏡で観察すると青紫色に染まった。青紫色に染まった物質の名称を答えなさい。

4．植物に光が当たる環境下で、栄養分を作るはたらきの名称を答えなさい。

5．上問4のはたらきをおこなう器官の名称を答えなさい。

【語群】　二酸化炭素　　水　　酸素　　塩化ナトリウム

3 次の各問いに答えなさい。

1．１つの物体に２つ以上の力が加わっているとき、物体が動き出さないならば加わっている力はつり合っている、という。次の図Ａ～Ｃでは、物体に加わっている力はつり合っていない。つり合わない理由の組み合わせとして、正しいものをア～カから一つ選び、記号で答えなさい。

図A　図B　図C

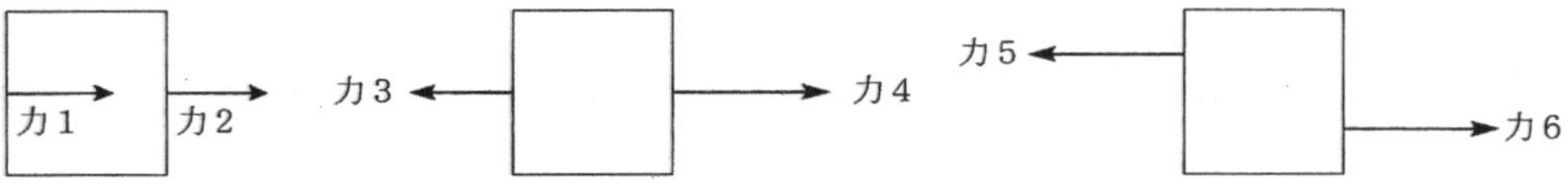

つり合わない理由

①．２つの力が一直線上にあるから。　②．２つの力が一直線上にないから。
③．２つの力の大きさが同じ大きさだから。　④．２つの力の大きさが異なる大きさだから。
⑤．２つの力の向きが同じ向きだから。　⑥．２つの力の向きが逆の向きだから。

	図A	図B	図C
ア	⑤	④	①
イ	⑥	③	①
ウ	⑤	③	①
エ	⑥	④	②
オ	⑤	④	②
カ	⑥	③	②

2．次の図Ⅰ・Ⅱには、どちらもａ・ｂの２つの力がかかれている。これらの図に、力ｃをかき加え、ａ・ｂ・ｃ３つの力がつり合うようにしなさい。また、その時、かき加えた力ｃの大きさは何Ｎか、図Ⅰ・Ⅱそれぞれについて求めなさい。ただし、図Ⅰ・図Ⅱともに、力ｂの大きさは８Ｎである。

図Ⅰ

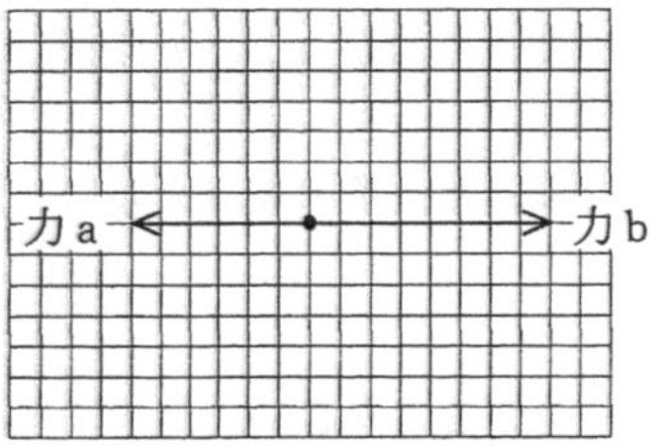

図Ⅱ

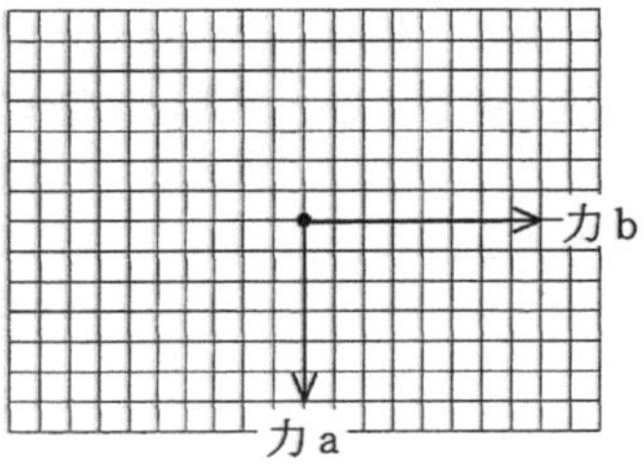

4 化学変化の前後での質量の変化を調べる3つの実験①～③を行った。下記の各問いに答えなさい。

【実験①】 硫酸ナトリウム ＋ 塩化バリウム → 塩化ナトリウム ＋ 硫酸バリウム

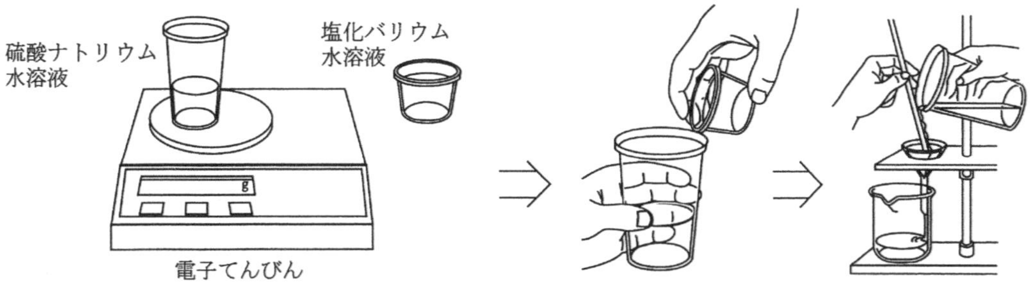

手順1　硫酸ナトリウム水溶液と塩化バリウム水溶液の質量を測った。

手順2　硫酸ナトリウム水溶液と塩化バリウム水溶液を混ぜ合わせ、硫酸ナトリウムを完全に反応させた。

手順3　反応によってできた硫酸バリウムの沈殿をろ過して取り出した。

手順4　手順3で分離した硫酸バリウムの質量を測った。

結果

硫酸ナトリウムの質量[g]	0.25	0.50	0.75	1.00
生成した硫酸バリウムの質量[g]	0.41	0.82	1.23	1.64

【実験②】 炭酸水素ナトリウム ＋ 塩酸 → 塩化ナトリウム ＋ 二酸化炭素 ＋ 水

手順1　ふたをしっかり閉めて、反応前の装置全体の質量を測った。

手順2　容器を倒し、炭酸水素ナトリウムと塩酸を混ぜ、反応を起こさせた。

手順3　反応が止まった後の装置全体の質量を測った。

手順4　装置のふたをゆっくり開けもう一度ふたを閉めてから、装置全体の質量を測った。

【実験③】 酸化銅 ＋ 炭素 → 銅 ＋ 二酸化炭素

結果(酸化銅は完全に反応させた)

酸化銅の質量[g]	0.20	0.40	0.60	0.80	1.00
生成した銅の質量[g]	0.16	0.32	0.48	0.64	0.80

1．実験①の結果を表すグラフを次のア～エから一つ選び、記号で答えなさい。ただし、グラフの横軸は加えた硫酸ナトリウムの質量、縦軸は生成した硫酸バリウムの質量とする。

ア．

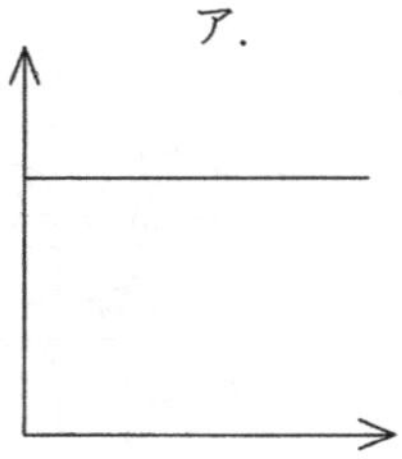

イ．

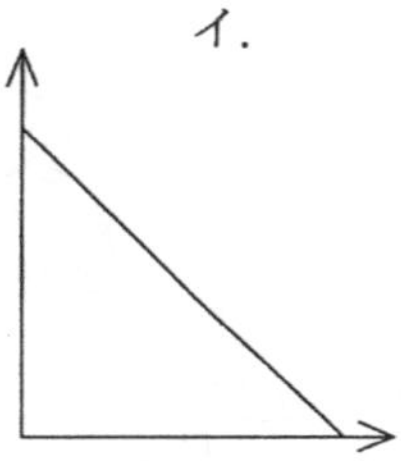

ウ．

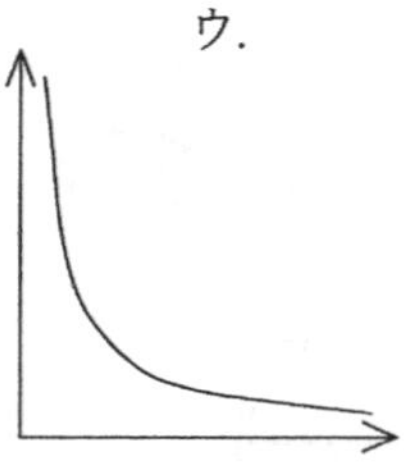

エ．

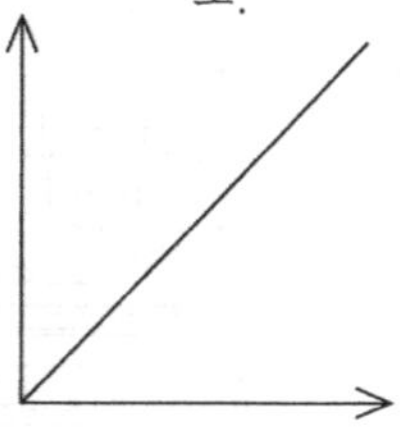

2．実験①で生成した硫酸バリウムの質量が1．00ｇのとき、反応させた硫酸ナトリウムの質量を少数第２位まで求めなさい。

3．実験②で手順１・３・４の質量について、正しい関係を示しているものを、次のア～エの中から一つ選び、記号で答えなさい。

ア．手順１の質量＝手順３の質量＝手順４の質量

イ．手順１の質量＞手順３の質量＝手順４の質量

ウ．手順１の質量＝手順３の質量＞手順４の質量

エ．手順１の質量＞手順３の質量＞手順４の質量

4．実験③を安全に効率的におこなっている様子を示している図を、次のア～ウから一つ選び、記号で答えなさい。

ア．

イ．

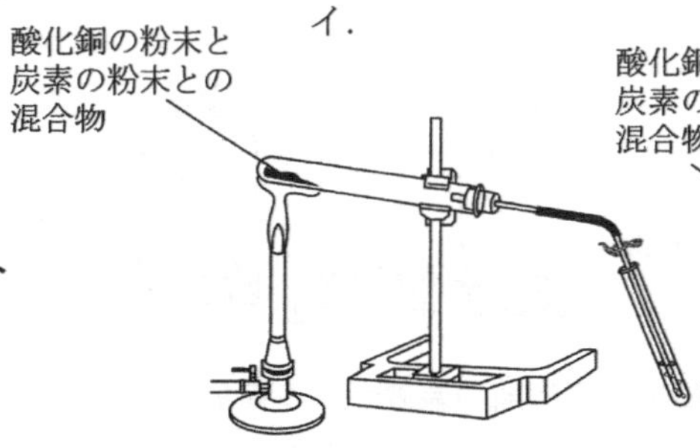

ウ．

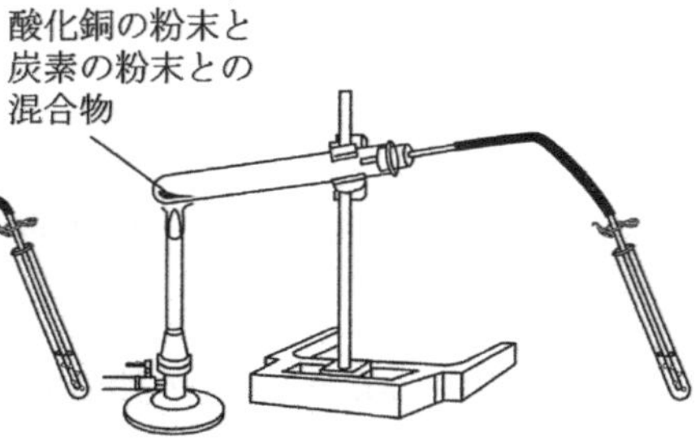

5．実験③の結果より、この実験で使用した酸化銅中の銅と酸素の最も適切な質量の比を、次のア～オから一つ選び、記号で答えなさい。

ア．　２：１　　イ．　３：１　　ウ．　４：１　　エ．　３：２　　オ．　４：３

5 次のグラフは、氷に熱を加え続けた時間とその温度変化を示している。時刻Aで氷が融け始め、時刻Bですべての氷が融けた。そして時刻Cでは沸騰が始まった。下記の各問いに答えなさい。

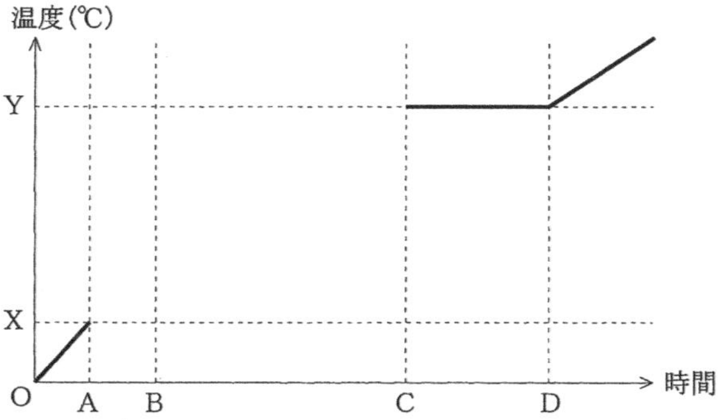

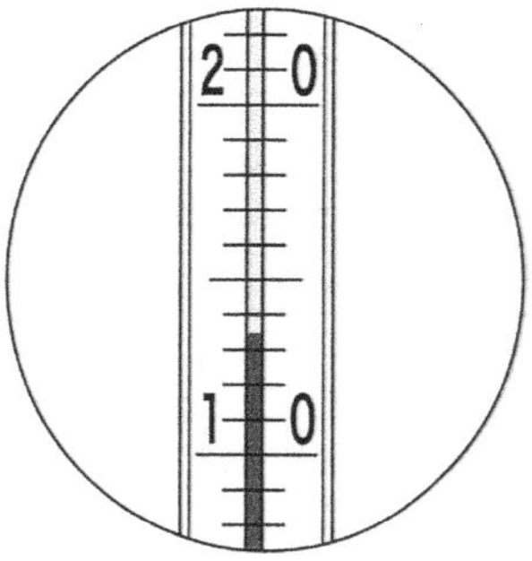

図 I（単位は℃）

1．温度計が図Ⅰであるときの温度を答えなさい。
2．時刻Aから時刻Cまでの間の温度変化を、グラフにかきなさい。
3．グラフ上のXの温度を何というか答えなさい。
4．粒子が規則正しく並んでいる状態の時間を、次のア～オから一つ選び、記号で答えなさい。
　ア．OからA　　イ．AからB　　ウ．BからC　　エ．OからB
　オ．AからC
5．エタノールが沸騰する温度は78℃である。水とエタノールの混合物を、これらの沸騰する温度の違いを利用して分ける操作を何というか答えなさい。

6 次の文章を読み、下記の各問いに答えなさい。

高校の修学旅行で動物の生態について調べるために台湾の台北市立動物園にいった。

園内は入口右手に「台湾動物エリア」があり、タイワンカモシカ、タイワンツキノワグマなどの台湾固有の動物を見ることができた。その中にある温室には台湾固有の①チョウが飛び回っていた。さらに先に進んだところにある「熱帯雨林エリア」では、②チンパンジーやオランウータンなどが木に登っている姿が見受けられ、中には子供を抱いているものも見られた。「砂漠の動物エリア」「オーストラリアの動物エリア」「アフリカの動物エリア」を通り抜けると「両生ハチュウ類館」の中では金色の③カエルがとび回り、④イグアナが岩の上で体を温めていた。「両生ハチュウ類館」の隣には「鳥園広場」があり、⑤ツル・ペリカン・フラミンゴが餌をついばんでいた。出口に向かうと、台湾の絶景として有名な「猫空」行きのロープウェイ乗り場の前のビオトープには魚が泳いでいた。

1．下線部①のチョウなどとは違い背骨をもつ動物の分類を、次のア～エから一つ選び、記号で答えなさい。
　ア．節足動物　　イ．軟体動物　　ウ．無脊椎動物　　エ．脊椎動物
2．下線部②のような母親の胎内である程度育ってから生まれてくる動物は何類か答えなさい。
3．下線部③の両生類の子の呼吸の方法は何呼吸か答えなさい。
4．下線部④のハチュウ類のように、まわりの温度が変化すると自身の体温も変化する動物を何動物というか答えなさい。
5．下線部⑤の鳥類の子の生まれ方を答えなさい。

7 下の表は気温と飽和水蒸気量の関係を示している。表中のAは飽和水蒸気量である。この表を参考にして下記の各問いに答えなさい。

気温[℃]	-1	0	1	2	3	4	5	6	7
A[g/m³]	4.5	4.8	5.2	5.6	5.9	6.4	6.8	7.3	7.8

気温[℃]	8	9	10	11	12	13	14	15	16
A[g/m³]	8.3	8.8	9.4	10.0	10.7	11.3	12.1	12.8	13.6

気温[℃]	17	18	19	20	21	22	23	24	25
A[g/m³]	14.5	15.4	16.3	17.3	18.3	19.4	20.6	21.8	23.0

気温[℃]	26	27	28	29	30
A[g/m³]	24.4	25.7	27.2	28.7	30.3

1．気温が25℃で露点が6℃であるときの湿度を求めなさい。ただし、小数第1位を四捨五入しなさい。

2．室内で、くみ置きの水を金属容器に半分ほど入れ、水の温度を測る。容器の中の水をかき混ぜながら、少しずつ氷水を入れる。容器の表面に水滴がつき始めたら、氷水を入れるのをやめ、容器内の中の水の温度を測る。最初、温度計は25℃を示し、水滴がつき始めたとき、温度計は20℃を示した。この部屋の温度を15℃まで下げたとき、空気1m³あたりに何gの水滴ができるか求めなさい。

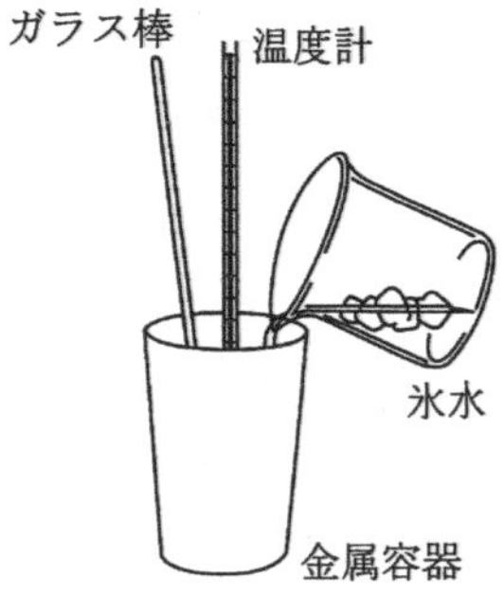

3．上問2で、容器の表面に水蒸気がつき始めたとき、容器の表面付近の湿度は何%になったと考えられるか答えなさい。

4．くみ置きの水を使う理由を、次のア～ウから一つ選び、記号で答えなさい。

ア．水道から出したすぐの水は温度変化がわかるから。

イ．水温と気温を違うものにする必要があるから。

ウ．水温と気温を同じにしておくため。

5．右の図は、少量の水で内側をぬらしたフラスコに線香の煙を入れ、大型注射器をとりつけて、フラスコの中を白くくもらせる実験をしたものである。フラスコの中が白くくもる操作と、そのときのフラスコ中の温度について、正しい組み合わせのものを次のア～カの中から一つ選び、記号で答えなさい。

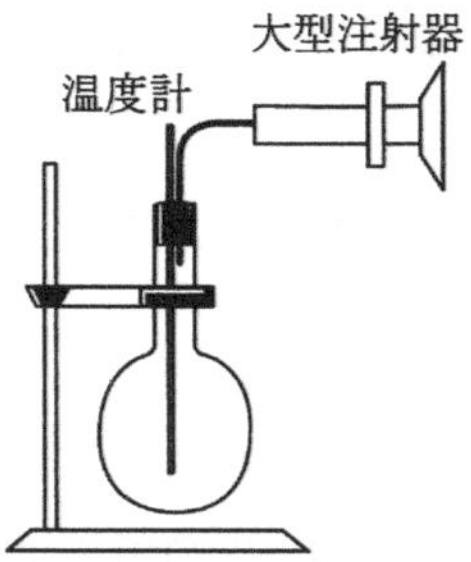

<くもる操作>

①．大型注射器のピストンを押したとき。

②．大型注射器のピストンを引いたとき。

<フラスコ中の温度>

③．温度は上がる。　④．温度は下がる。　⑤．温度は変化しない。

ア．①③　イ．①④　ウ．①⑤　エ．②③　オ．②④　カ．②⑤

8 右の図は、銀河系を真上と真横から見た想像図である。次の各問いに答えなさい。

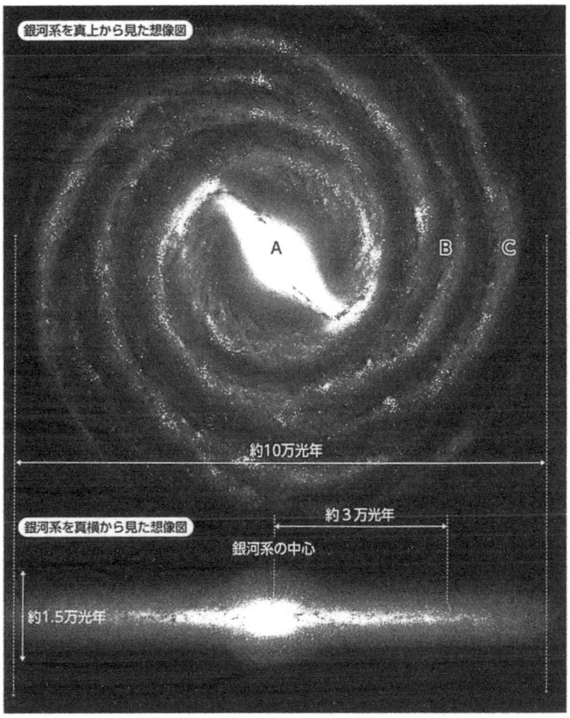

1．銀河系の直径は約１０万光年である。この距離を正しく表した文章を次のア～エから一つ選び、記号で答えなさい。

ア．時速１０ｋｍで１万年かけて進んだ距離。

イ．時速１０万ｋｍで１光年かけて進んだ距離。

ウ．光の速さで１０万年かけて進んだ距離。

エ．太陽と地球間の距離を１０万倍した距離。

2．太陽系の位置を、図中のＡ～Ｃから一つ選び、記号で答えなさい。

3．次の文中で誤った使われ方をしている単語を２つ抜き出し、正しい単語を答えなさい。

太陽系は地球を中心として８つの恒星とその他の小天体が公転している。

4．次の①～④の惑星名で全て正しく述べてあるものを、次のア～カから一つ選び、記号で答えなさい。

①．地球のすぐ外側の軌道に位置する惑星。

②．太陽の最も近くの軌道に位置する惑星。

③．太陽系最大の惑星。

④．液体の水が存在する惑星。

	①	②	③	④
ア	水星	金星	地球	火星
イ	金星	水星	木星	地球
ウ	火星	海王星	木星	地球
エ	火星	水星	木星	天王星
オ	火星	水星	木星	地球
カ	金星	地球	木星	海王星

問題		配点
1	1	2点
	2	3点
	3	3点
	4	3点
	5	2点
2	1	2点
	2	2点
	3	3点
	4	3点
	5	3点
3	1	2点
	2	3点
		2点
		3点
		2点
4	1	2点
	2	3点
	3	3点
	4	2点
	5	3点

問題		配点
5	1	2点
	2	3点
	3	2点
	4	2点
	5	3点
6	1	2点
	2	2点
	3	2点
	4	3点
	5	3点
7	1	3点
	2	3点
	3	2点
	4	2点
	5	3点
8	1	2点
	2	1点
	3	各3点
	4	3点

2022年度
惺山高等学校入学者選抜
学力検査問題

英　　　語

（14：10　～　14：55）

注　　意

1　「開始」の合図があるまで、開いてはいけません。

2　問題は７ページまであります。

3　「開始」の合図があったら、まず、解答用紙の第一志望学科・コースに丸を付け、受検番号・氏名を書きなさい。

4　答えは、すべて解答用紙に書きなさい。

5　「終了」の合図で、すぐ鉛筆をおき、解答用紙を裏返しにしなさい。

※配点は英語の最後のページにあります

1

※音声は収録しておりません

1

A

B

2

No.1

ア

イ

ウ

No.2

ア

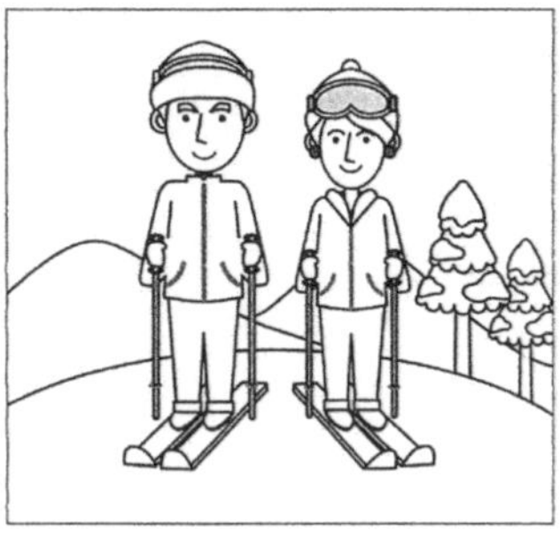

イ

ウ

No.3

ア

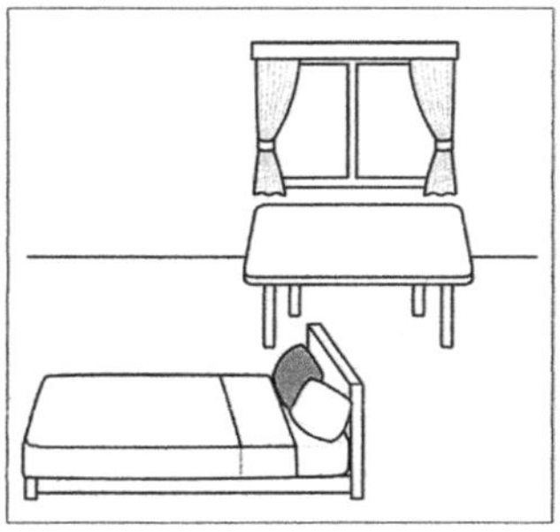

イ

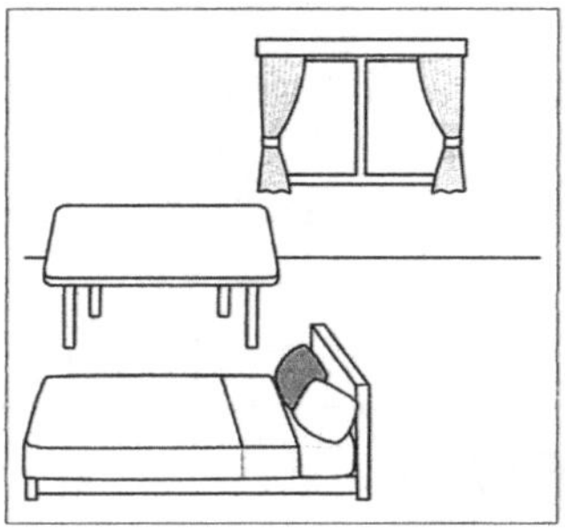

ウ

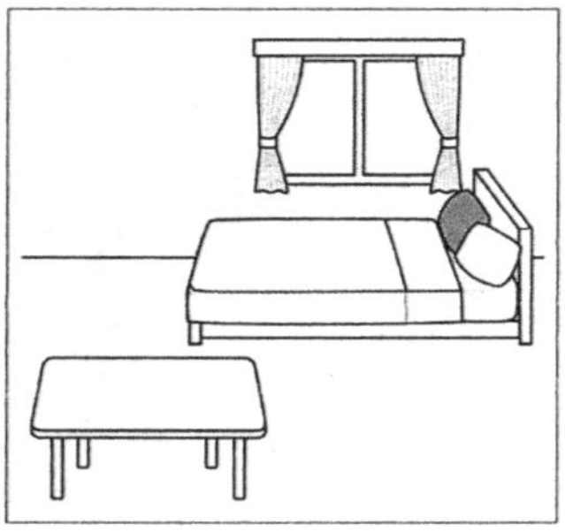

No.4

ア　He is writing his report.

イ　He wants to write his e-mail.

ウ　He is waiting for her.

No.5

ア　She has just left her room.

イ　She is waiting for him.

ウ　She is looking for a key.

3

No. 1

ア　Bus stop No.7.

イ　Bus stop No.8.

ウ　At Shinagawa station.

No. 2

ア　It takes 40 minutes or longer by bus.

イ　It takes 50 minutes by train.

ウ　It takes same time to National Museum.

No.3

ア　Bus is cheaper.　It is half as expensive as train.

イ　Bus is as cheap as train.

ウ　Train is.　It is cheaper than bus.

2 日本にホームステイ中の Joe とホストファミリーの Taku がキャンプ場(campsite)についてインターネットで調べています。二人の会話を読み、各問いに答えなさい。

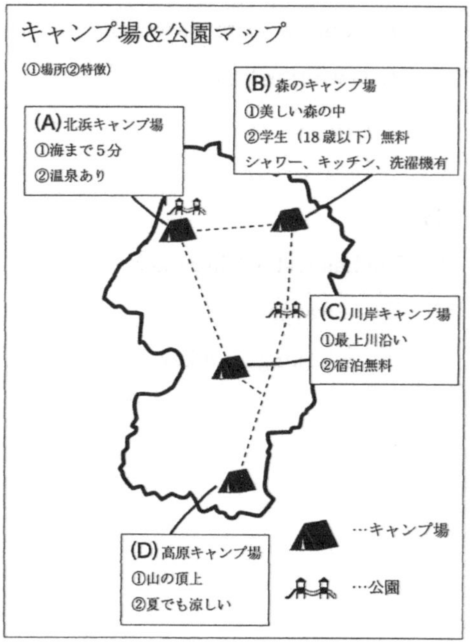

Taku : Umm...

Joe : (あ)

Taku : I'm looking for a campsite. My father will take us camping next month.

Joe : (い) This will be my first camping trip in Japan. Where will we go?

Taku : I was planning to go to campsite C. Our family often camps there. But it is already full!
(1)<u>After the *pandemic, [more and more / has / camping / popular / become] in Japan.</u>

Joe : (う) Why is it so popular after the pandemic?

Taku : People think they can keep their *distance outside.

Joe : And you can feel refreshed.

Taku : That's right. Anyway, how about campsite D?

Joe : (え) It looks nice! But it is located on the top of the mountain and it says "cool in summer." Isn't it cold in November?

Taku : That's true. Umm..., then how about campsite A? There is a hot spring near the campsite. Have you ever tried a Japanese hot spring?

Joe : Never. But I want to try it someday. And, will you take your younger brothers?

Taku : Of course. I'll take them.

Joe : Then, we need some interesting activities for them. At campsite A, there is a *playground.

Taku : Sounds great! But it takes 2 hours from here. (2)<u>It is so far that my brothers may get bored in the car.</u>

Joe : I see, let's think again. Campsite B is also far, but there is a playground on the way.

Taku : We can stop at the playground, eat lunch, and then go to the campsite. My brothers will have fun!

Joe : Yes, that's good. The site offers a student discount, so we can camp there for free.

Taku : Nice. The site has showers, kitchens and even laundry machines.

Joe : Really? I'm looking forward to going there.

Taku : During the pandemic, more families started camping with their children. So, such campsites are becoming common in Japan.

Joe : I've never seen those in America. (3)<u>The camping culture in Japan is wonderful!</u>

(注)
pandemic 感染症の流行 distance 距離 playground 遊び場・公園

No.3
A: Mom, I want to show you my room.　Look!
B: Oh, it looks different, Henry.　You moved the table and the bed.
A: That's right.　I moved the table to the left corner of the room
and then the bed is under the window.
B: Good idea!　Please keep your room clean!

Question: Which is his room?

No.4
A: I want to send an e-mail.　Are you using the computer now?
B: I am writing a report now.　Do you need to use it now?
A: No, I'll use it later.
B: OK, I'll be done in 30 minutes.

Question: What is he doing now?

No.5
A: Hurry up!　It's time to go.
B: Just a moment.　I can leave soon.
A: The taxi has just come.
B: I know.　I can't find my key.

Question: What is she doing?

続いて３の問題に移ります。
初めに英文が読まれます。その後に質問文が読まれます。答えとして本文の内容に最も合うものを選び、記号で答えなさい。では始めます。

Attention please.　This is Haneda airport information center.　Welcome to Japan.　The bus for National Stadium will leave from the Number 8 bus stop.　It usually takes forty minutes from here.　Now, because of a traffic jam, it will take longer than usual.　You can buy tickets at the ticket center and it costs 1,000 yen.　And you can also go to the National Stadium by train.　You can take the Keihin Kyuko line at Platform 7, and change trains at Shinagawa Station.　It will take 50 minutes.　And it costs 500 yen. Thank you.

Question

No.1　Where is the bus going to leave from?

No.2　How long does it take to National Stadium by bus?

No.3　Which is cheaper, by bus or by train?

これでリスニングテストを終わります。次の問題に移ってください。

二〇二二年度

評点

国語解答用紙

第一志望学科・コース
特進・普通・商業・デザイン

受検番号

氏名

惺山高等学校

※100点満点

一

問一

問二 Ⅰ Ⅱ

問三 a b

問四

問五

問六 A B C

二

問一 a b c d

問二

問三 Ⅰ Ⅱ Ⅲ Ⅳ

問四

問五 最初 最後

問六

問七 1 2 3 4 5

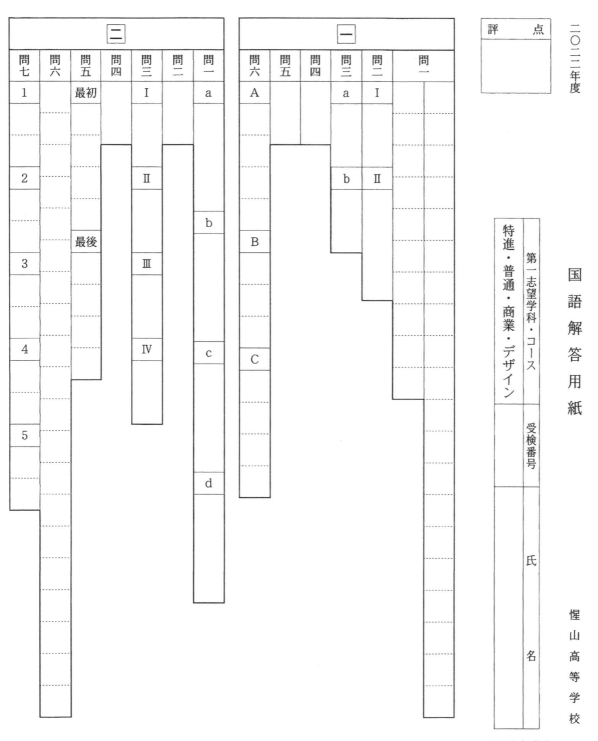

4	(1)	cm	(2)	°	(3)	秒後	(4)	cm

5	(1)	C(,)	(2)	B(,)	(3)	D(,)	(4)	E(,)

6

(1)

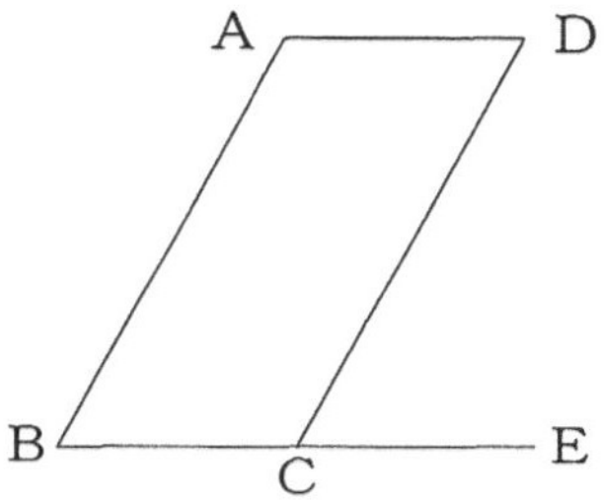

(2)(a)		(b)		(c)		(d)		(e)	

	⇒　⇒　⇒		

問５	問６	問７	問８

5

問１	問２	問３	問４

問５	問６	問７

6

問１	問２	問３	問４

問５

問６
記号:　　　　　　説明:

問７

3	2	図Ⅰ 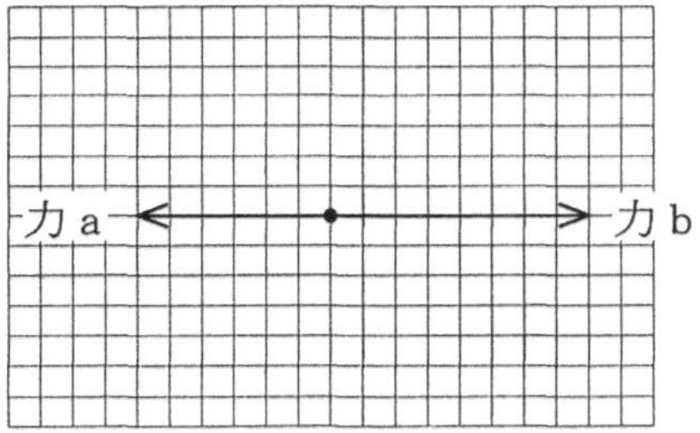 ______N
		図Ⅱ 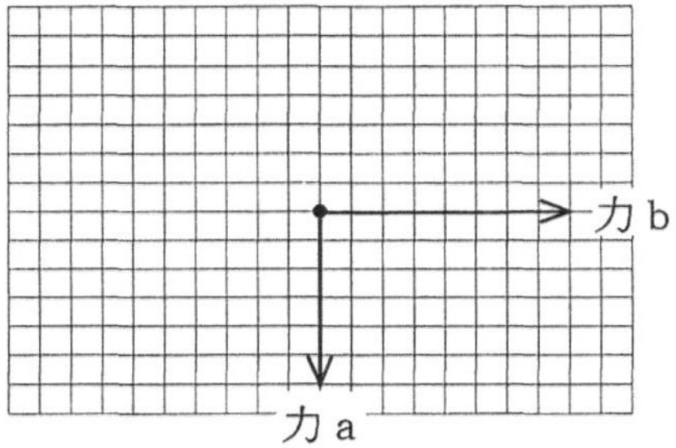 ______N

4	1	
	2	g
	3	
	4	
	5	

6	3	呼吸
	4	動物
	5	

7	1	%
	2	g
	3	%
	4	
	5	

8	1		
	2		
	3	誤　り　→　正しい	誤　り　→　正しい
	4		

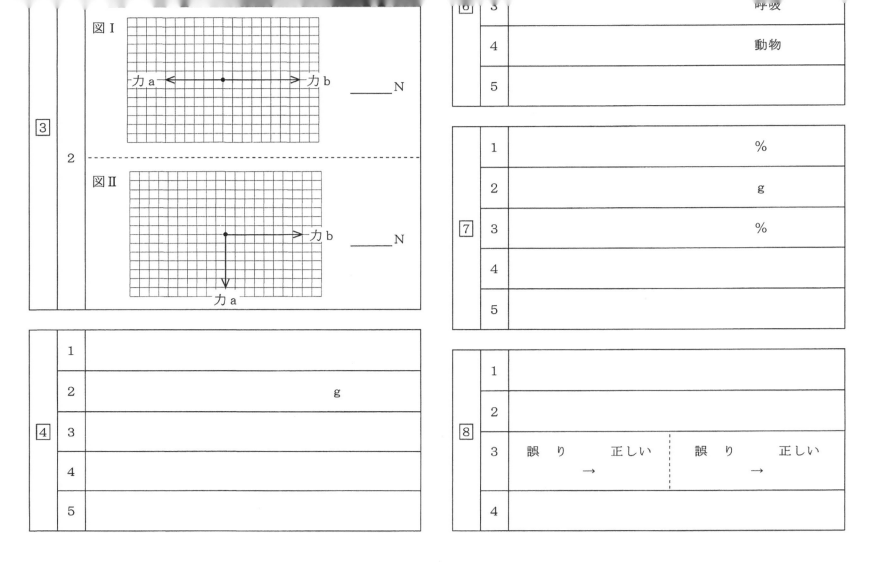

6								
7	①		②		③		④	

3

1										
2	ア		イ		ウ		エ		3	
4										
5										
6										
7										
8										

2022年度　　英語解答用紙　　惺山高等学校

第一志望学科・コース	受検番号	氏　　名
特進・普通・商業・デザイン		

評　点

※100点満点

1

1	A	No. 1	No. 2	No. 3	B	No. 1	No. 2	No. 3

2	1	2	3	4	5
3	1	2	3		

2

1	あ		い		う		え	
2	After the pandemic, [							] in Japan.
3	ア		イ		ウ		エ	
4								
	①							

【解答用

2022年度　　　　　　　　　　理　科　解　答　用　紙　　　　　　　　　　惺　山　高　等　学　校

第一志望学科・コース	受検番号	氏　　名
特進・普通・商業・デザイン		

評　　点

※100点満点

1	1	
	2	。
	3	
	4	
	5	

2	1	
	2	
	3	
	4	
	5	

5	1	℃
	2	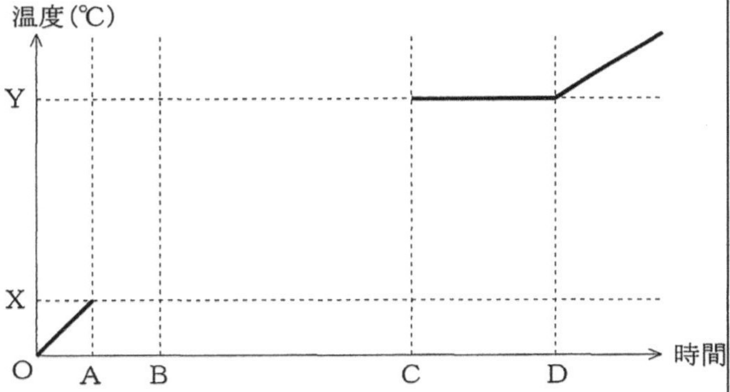
	3	
	4	
	5	

	1	

【解答用

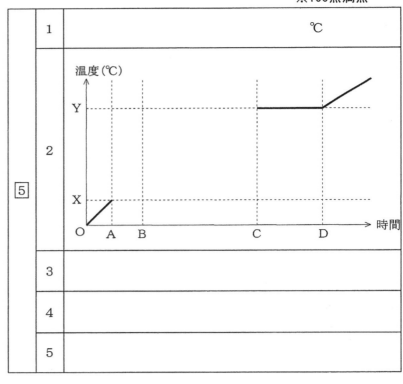

2022年度　　# 社 会 解 答 用 紙　　惺 山 高 等 学 校

第一志望学科・コース	受検番号	氏　　名
特進・普通・商業・デザイン		

評　点

※100点満点

1

問1	問2
	度

問3	問4	問5	問6	問7	問8

2

問　1		
(1)	(2)	(3)　　　　:

問　1
(4)

問　2		
(1)	(2)	(3)

3

問1	問2	問3	問4	問5

問6	問7	問8

【解答用

２０２２年度　　数学解答用紙　　愷山高等学校

第一志望学科・コース	受検番号	氏　名
特進・普通・商業・デザイン		

評　点

※100点満点

1

(1)		(2)		(3)		(4)	

2

(1)	$x =$	(2)	$x =$	(3)	$\angle x =$ °		
(4)		(5)		(6)		(7)	回

3

連立方程式	5人の班の数

三

問二

問三

問四

四

①

②

③ く

④

⑤

五

100字

200字

240字

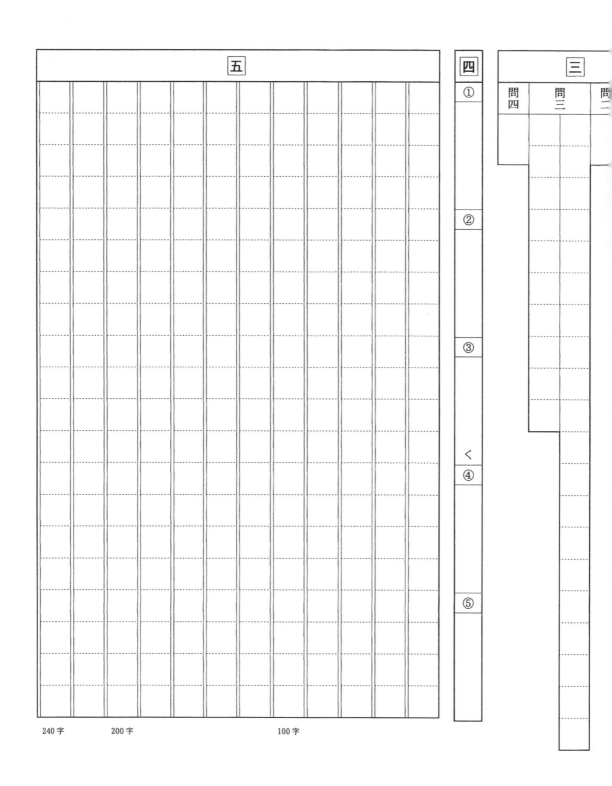

2022年度惺山高等学校　入学試験リスニング原稿　※音声は収録しておりません

山本学園高等学校　英語科

ただ今からリスニングテストを行います。問題は1から3まであります。各問いの指示に従い解答しなさい。英文を聞きながらメモを取っても構いません。また、英文はそれぞれ2回放送します。

それでは1の問題から始めます。まず、AとBの絵を見てください。今からそれぞれNo.1～No. 3まで3つの英文を読みます。その英文の内容が絵の内容と一致する場合は○を、一致しない場合は×を解答欄に書きなさい。では始めます。

A
No.1　A girl is running with her dog.
No.2　A boy and his mother are riding their bicycles.
No.3　A man is reading a newspaper under the tree.

B
No.1　A man is cooking in the kitchen.
No.2　A woman is talking on the phone.
No.3　A cat is sleeping under the table.

続いて2の問題に移ります。これから対話文が読まれます。その後に質問文が読まれます。質問の答えとして最も適切なものを選び、記号で答えなさい。では始めます。

No.1
A: May I help you?
B: Yes.　Can I have a hamburger and an orange juice, please?
　And ice creams for my sisters.
A: OK, and how many ice creams?
B: Two please.

Question: What does she order?

No.2
A: Hi, Sarah.　Would you like to go skiing this weekend?
B: Hi, Ken.　I'm sorry.　I am going to go shopping for our school trip with Betty.
A: That's sounds nice.　How about next week?
B: Yes, of course.　Call me later.

Question: What is Sarah going to do this weekend?

1　(あ)～(え)に入る最も適切な文を、ア～カからそれぞれ選び、記号で答えなさい。

ア	How about you?	イ	Let me take a look.	ウ	Sounds good!
エ	You're welcome.	オ	What are you doing?	カ	I have never heard that.

2　下線部(1)が次の意味になるように並べかえて、英文を完成しなさい。

「日本では、パンデミック以降キャンプがますます人気になってきている」

3　次の英文が本文の内容と一致していれば○を、一致していなければ×を書きなさい。

ア　Joe has never been camping in Japan.

イ　Taku will take his brothers to camping.

ウ　The campsites with kitchens are popular in America, too.

エ　Campsite D has a hot spring, so it is popular in winter.

4　下線部(2)を日本語に直しなさい。

5　次の質問に英語で答えなさい。

①　Does Taku often go camping with his family?

②　When will Taku and Joe go camping?

6　Joe が下線部(3)のように感じた理由を日本語で答えなさい。

7　キャンプ後に Joe が日記を書きました。(①)～(④)に入る語句をそれぞれ選び記号で答えなさい。

> I went camping with Taku and his family.
> His father (①) us by car.
> We left home in the morning and (②) lunch at the playground.
> Then, we arrived at campsite (③).
> I was very (④) at the clean and comfortable campsite.
> We had a good time and I want to go camping again.

①ア	take	イ	took	ウ	taken
②ア	eat	イ	eating	ウ	ate
③ア	A	イ	B	ウ	D
④ア	surprised	イ	bored	ウ	worried

3 Shinji のクラスは英語の授業で VR オンラインツアーを行いました。Shinji は Mount Kenya National Park（ケニア山国立公園）を訪れ、留学生の Melissa は the Great Wall（万里の長城）を訪れました。それぞれのスピーチを読み、各問いに答えなさい。

<Shinji>

Do you know where Kenya is? How is the weather there? What is it famous for? First, Kenya is in the eastern part of Africa and it is about 11,000 km away from Yamagata. This country is on the equator – the center line that *divides the earth into south and north. Kenya is a mountain area, so most of the country is over 1,000 m high. You may think it is so hot, but actually *Nairobi doesn't usually go above 30℃ through the year. Kenya is known for its nature; especially Mount Kenya National Park is the most famous park. This time, I went there on the VR tour, and I was very excited at the great view.

Mount Kenya is a *World Natural Heritage Site and the second highest mountain in Africa. We can see many kinds of animals like monkeys, zebras, giraffes and buffaloes. Maybe you will be surprised to know that elephants live in such high mountains. (1)We can enjoy not (a) wild animals but (b) beautiful flowers and plants. Some of them live only there. In other words, we can't see them in any other places in the world. So, (2)it is important to try to protect the nature.

I had a great time on the VR tour. I enjoyed seeing many animals and beautiful nature in Kenya. Mount Kenya is the best place for nature lovers. Let's go there and enjoy nature.

divide　分ける　Nairobi　ナイロビ（ケニアの首都）　World Natural Heritage Site　世界自然遺産

<Melissa>

Now I'm going to talk about the Great Wall, the most famous site in China. Maybe you know China has long history. Can you imagine how old the Great Wall is, and how long it is? Then, why was it built? The Great Wall was built over 2,200 years ago. In those days, the first emperor of China made this wall to protect his country from northern countries. For many years, people made it longer and stronger. But now, many parts have (3)(break) over time.

Chinese people said they could see the Great Wall from space. In fact, (4)that was written in textbooks and Chinese children were taught it in elementary schools. However, that's not true. Though *Yang Liwei said he couldn't see the Great Wall from space, people didn't believe it yet. Then in 2018, *Alexander Gerst took pictures of the earth from the *ISS and uploaded them in Twitter. At that time, many people who saw his tweet noticed the Great Wall couldn't be seen from space.

Many people were disappointed, but we know the Great Wall is one of the most wonderful sites in the world. We can't see it from space, but I want to see the Great Wall from the sky someday.

Yang Liwei　ヤン・リィウェイ（中国人宇宙飛行士）
Alexander Gerst　アレクサンダー・ゲルスト（ドイツ人宇宙飛行士）ISS　国際宇宙ステーション

1　本文の内容から、ケニアの位置として正しいものを選び、記号で答えなさい。

＜アフリカ大陸＞

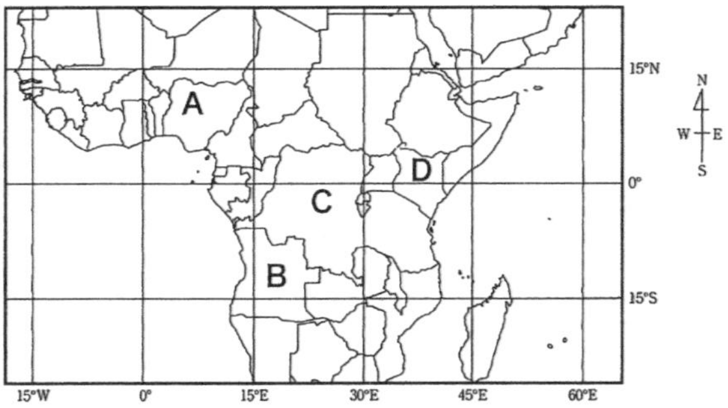

2　次の文章が本文の内容と一致していれば○を、一致していなければ×を書きなさい。

ア　ケニアは高山地帯にあり標高が高く、気温は年間を通してそこまで高くならない。

イ　ケニアの山々には様々な動物がいるが、標高が高いため象は生息していない。

ウ　ケニア山はアフリカ大陸で最も高い山で、世界遺産に指定されている。

エ　ケニアは自然愛好家が楽しめる最高の観光地であるとシンジは考えている。

3　下線部(1)が次の日本語の意味になるように(　a　),(　b　)に入る語の組み合わせとして正しいものを１つ選び、記号で答えなさい。

「私たちは野生動物だけでなく美しい花や植物も楽しむことができる」

ア　a：too　– b：to

イ　a：only – b：many

ウ　a：so　– b：as

エ　a：only – b：also

4　下線部(2)の理由を日本語で説明しなさい。

5　下線部(3)を適切な形に直しなさい。

6　下線部(4)が表すものを日本語で説明しなさい。

7　本文の内容に一致するものを２つ選びなさい。

ア　The Great Wall was built to protect the country from other countries.

イ　Many Chinese children visit the Great Wall when they are in elementary school.

ウ　People in China weren't interested in the Great Wall because it was too old.

エ　In 2018, people found the Great Wall couldn't be seen from high above the earth.

オ　Melissa wants to go to the Great Wall to study Chinese language and history.

8　あなたはケニア山国立公園と万里の長城のどちらを訪れてみたいですか。理由も含めて２文以上の英文で書きなさい。

2022(R4) 惺山高
K 教英出版

設問		配点
1	1	２点×３
		２点×３
	2	２点×５
	3	３点×３
2	1	１点×４
	2	完答４点
	3	１点×４
	4	４点
	5	３点×２
	6	３点
	7	２点×４
3	1	３点
	2	２点×４
	3	３点
	4	４点
	5	３点
	6	４点
	7	３点×２
	8	５点